Reinhard STOCKINGER
Wolfgang SCHÖRKHUBER
Barbara HOFBAUER
Gertraud GEISLER

# TRAININGSTEIL

# KOMPETENZ:
## *DEUTSCH*

NEU

### FÜR DIE REIFE- UND DIPLOMPRÜFUNG

Verlag Hölder-Pichler-Tempsky GmbH
www.hpt.at

Mit Schreiben des Bundesministeriums für Bildung, Wissenschaft und Forschung vom 10. April 2018, BMBWF-5.034/0014-IT/ 3/2018, zur Aufnahme in den Anhang zu den Schulbuchlisten für die 6. – 8. Klasse an allgemein bildenden höheren Schulen – Oberstufe im Unterrichtsgegenstand Deutsch (Lehrplan 2017), für den III. – V. Jahrgang an Höheren technischen und gewerblichen Lehranstalten im Unterrichtsgegenstand Deutsch (Lehrplan 2015), für den III. – V. Jahrgang an Handelsakademien im Unterrichtsgegenstand Deutsch (Lehrplan 2014), für den III. – V. Jahrgang an Höheren Lehranstalten für wirtschaftliche Berufe im Unterrichtsgegenstand Deutsch (Lehrplan 2016), für den III. – V. Jahrgang an Höheren Lehranstalten für Mode im Unterrichtsgegenstand Deutsch (Lehrplan 2016), für den III. – V. Jahrgang an Höheren Lehranstalten für Kunst und Gestaltung im Unterrichtsgegenstand Deutsch (Lehrplan 2016), für den III. – V. Jahrgang an Höheren Lehranstalten für Tourismus im Unterrichtsgegenstand Deutsch (Lehrplan 2016), für den III. – V. Jahrgang an Bildungsanstalten für Elementarpädagogik im Unterrichtsgegenstand Deutsch (einschließlich Sprecherziehung, Kinder- und Jugendliteratur) (Lehrplan 2016), für den III. – V. Jahrgang an Bildungsanstalten für Sozialpädagogik einschließlich Sprecherziehung, Kinder- und Jugendliteratur) (Lehrplan 2016), für den III. – V. Jahrgang an Höheren land- und forstwirtschaftlichen Lehranstalten im Unterrichtsgegenstand Deutsch (Lehrplan 2016) empfohlen.

Änderungen aufgrund von Veränderungen der Rechtsordnung und des Normenwesens, in der Statistik und im Bereich von Wirtschaftsdaten sowie Software-Aktualisierung liegen in der Verantwortung des Verlages und werden nicht neuerlich approbiert.

Dieses Schulbuch wurde auf Grundlage eines Rahmenlehrplans erstellt; die Auswahl und die Gewichtung der Inhalte erfolgen durch die Lehrerinnen und Lehrer.

Schulbuchnummer: 190621

*Liebe Schülerin, lieber Schüler, Sie bekommen dieses Schulbuch von der Republik Österreich für Ihre Ausbildung. Bücher helfen nicht nur beim Lernen, sondern sind auch Freunde fürs Leben.*

**Haftungshinweis**
Trotz sorgfältiger inhaltlicher Kontrolle können wir für die Inhalte externer Links keine Haftung übernehmen. Für den Inhalt der verlinkten Seiten sind ausschließlich deren Betreiber verantwortlich.

Die Autoren/Autorinnen und der Verlag bitten, alle Anregungen und Vorschläge, die dieses Schulbuch betreffen, an folgende Adresse zu senden:
Verlag Hölder-Pichler-Tempsky GmbH
Frankgasse 4, 1090 Wien
E-Mail: service@hpt.at

Schulbuchvergütung/Bildrechte © Bildrecht GmbH

1. Auflage, Nachdruck 2020 (1,01)

# Vorwort

## HINWEISE ZUR VERWENDUNG DIESES BUCHES

Sie haben Ihr neues Lehrbuch „KOMPETENZ:*DEUTSCH*. Trainingsteil für die Reife- und Diplomprüfung – neu" in Händen.

Dieses Buch soll Sie darin unterstützen, die notwendigen Kompetenzen, also Kenntnisse und Fertigkeiten, zu stärken und zu vertiefen, um die Klausurarbeit in Deutsch erfolgreich zu schreiben.

## Das Buch ist in drei große Abschnitte unterteilt:

### Abschnitt 1: Das Format für die Klausurarbeit

Hier erfahren Sie alles darüber, wie die zentral vorgegebenen Aufgaben aussehen, aus welchen Abschnitten sie bestehen und wie Sie auf die Vorgaben der Aufgabenstellung reagieren sollen. Weiters wird erklärt, was Operatoren sind, die ein wesentlicher Teil der Arbeitsaufträge an Sie sind. Außerdem werden Sie darüber informiert, nach welchen Kriterien und in welcher Form die Klausurarbeit beurteilt wird.
Schwierige Begriffe sind am Ende des Buches erklärt.

### Abschnitt 2: Die Textsorten

Hier werden Ihnen die sieben Textsorten, die zur Klausur verlangt werden, in genauen Beschreibungen vorgestellt. Sie erfahren, „worum es geht", worauf Sie achten müssen, wie Sie planen sollen usw.

### Abschnitt 3: Trainingsmodule

Dieser Abschnitt ermöglicht es Ihnen, ausgiebig zu üben und zu reflektieren. Sie können gezielt mit Operatoren trainieren und Textbausteine verwenden. Vor allem bietet Ihnen dieser Abschnitt aber Aufgaben und authentische Schüler/innenarbeiten zu den einzelnen Textsorten. Achtung: Die Schüler/innenarbeiten sind keine Musterlösungen, sondern Beispiele dafür, wie gut oder auch weniger gut Texte zu Klausuraufgaben gelingen können. Sie sollen Sie darin unterstützen, Ihren Blick für Qualität zu schärfen und sich typische Fehler bewusst zu machen. Sie bieten Ihnen auch die Möglichkeit, gut Gelungenes in Ihr eigenes Repertoire aufzunehmen.

### Exkurs: Die Kompensationsprüfung in Deutsch

Sollte jemand bei der Klausurarbeit in Deutsch nicht erfolgreich sein, hat er/sie die Möglichkeit, durch eine Kompensationsprüfung zu einer positiven Beurteilung zu kommen. In diesem Exkurs finden Sie die wichtigsten Informationen darüber sowie drei Aufgabenbeispiele.

## Ein Farbleitsystem soll Ihnen die Verwendung des Buches erleichtern:

**1.1**

**Arbeitsaufgaben:**
Die Arbeitsaufgaben sind in dieser Form dargestellt und innerhalb der Abschnitte/Module durchnummeriert (z. B. 1.1, 1.2 usw.).

**SO GEHT'S**

In diesen Kästen bekommen Sie hilfreiche Tipps und genaue Anleitungen, wie Sie vorgehen sollen, um eine Aufgabe zu lösen.

**INFORMATIONEN** **INFO-BOX**

In diesen Boxen erhalten Sie wichtige Informationen, mit denen Sie Ihr Fachwissen vertiefen können.

## Vorwort

**Aktualisierungen:**

Sollte sich am Format oder den Aufgabenstellungen der RDP/RP etwas ändern, bitten wir Sie, die Aktualisierungen auf www.hpt.at/190621 zu beachten.

Wir bedanken uns sehr herzlich bei allen Schülern/Schülerinnen, die sich bereit erklärt haben, Texte zu verfassen und damit einen wertvollen Beitrag zu diesem Buch zu leisten. Um niemanden hervorzuheben oder bloßzustellen, sind die Texte anonymisiert und Verfasser/innen namentlich nicht angeführt.

Die Auswahl der Schüler/innentexte erfolgte nicht danach, welcher Text besonders gut oder besonders schlecht ist, sondern nur danach, ob im jeweiligen Text Schwächen zu finden sind, die vielen passieren könnten, und Stärken, von denen alle profitieren können.

Wir sind zuversichtlich, dass Sie die Klausur bestehen werden, wenn Sie diesen Band durchgearbeitet haben. Das können Sie auch ganz eigenständig machen.

Wir wünschen Ihnen Freude beim Arbeiten mit diesem Buch und viel Erfolg!

Die Verfasser/innen

---

# Inhaltsverzeichnis

**1.1** Lesen Sie die folgenden Informationen aufmerksam. Erledigen Sie danach die Aufgaben in 1.2.

## 1 DIE THEMENPAKETE

**DREI THEMENPAKETE ZUR WAHL**      **INFO-BOX**

Sie erhalten **drei Themenpakete** zur Auswahl vorgelegt:

- Sie müssen sich für **eines** dieser drei Themenpakete entscheiden.
- Jedes Themenpaket enthält **zwei Schreibaufgaben**. Sie müssen beide Schreibaufgaben, die in dem von Ihnen gewählten Themenpaket sind, erledigen.
- Jedes Themenpaket steht unter einer **thematischen Klammer**, das heißt, es bezieht sich auf einen ganz bestimmten Inhaltsbereich, z. B. „Mensch und Maschine", „Erinnern", „Mensch und Natur", „Streben nach Gesundheit", „Reisen".
- Innerhalb eines Aufgabenpakets wird das Generalthema (die thematische Klammer) bei jeder der beiden Aufgaben **eingegrenzt**, z. B.:
  - *Thematische Klammer: „Journalistische Verantwortung"*
     *Aufgabe 1: „Der Mensch als ‚work in progress'"*
     *Aufgabe 2: „Künstliche Intelligenz"*
  - *Thematische Klammer: „Streben nach Gesundheit"*
     *Aufgabe 1: „Selbstvermessung"*
     *Aufgabe 2: „Übertriebenes Gesundheitsbewusstsein?"*
- Eines der drei Aufgabenpakete steht immer unter dem **Thema „Literatur – Kunst – Kultur"**.
- Die rasche Auswahl erleichtert eine den Aufgaben **vorangestellte Übersicht** (siehe folgende INFO-BOX). Mit dieser Übersicht können Sie sich orientieren, welche Themen und welche Textsorten zur Auswahl stehen.
**Tipp:** Wählen Sie Ihr Themenpaket nach folgenden Überlegungen aus:
  - Welche Textsorte (die Sie schreiben sollen) liegt Ihnen besonders/nicht?
  - Zu welchem Thema wissen Sie viel/wenig?
  - Welche Textbeilage ist für Sie gut/schlecht verständlich, interessant?

**DIE ÜBERSICHT ÜBER DIE DREI THEMENPAKETE** **INFO-BOX**

Die Übersicht über die Themenpakete sieht in etwa so aus (Achtung: Hier handelt es sich um ein beliebiges Beispiel).

Sehr geehrte Kandidatin! Sehr geehrter Kandidat!
Ihnen werden im Rahmen dieser Klausur insgesamt drei Themenpakete mit je zwei Aufgaben vorgelegt.
Wählen Sie **eines der drei Themenpakete** und bearbeiten Sie **beide Aufgaben** zum gewählten Thema.

| Themenpakete | Aufgaben |
|---|---|
| **1. Literatur – Kunst – Kultur** | **Jan Wagner: *Giersch*** <br> Textinterpretation (540 – 660 Wörter) <br> 1 Textbeilage (Gedicht) <br><br> **Kunst zum Kuscheln** <br> Kommentar (270 – 330 Wörter) <br> 1 Textbeilage (Bericht) |
| **2. Das Wesentliche** | **Selbstsabotage** <br> Zusammenfassung (270 – 330 Wörter) <br> 2 Textbeilagen (Interview, Tagebuchaufzeichnung) <br><br> **Minimalismus als Lebenseinstellung** <br> Erörterung (540 – 660 Wörter) <br> 1 Textbeilage (Erfahrungsbericht) |
| **3. Gerechtigkeit** | **Der Sinn von Strafe** <br> Textanalyse (405 – 495 Wörter) <br> 1 Textbeilage (Essay) <br><br> **Fairness im Sport** <br> Kommentar (405 – 495 Wörter) <br> 2 Textbeilagen (Bericht, Forderungskatalog) |

| **Themen:** <br> thematische Klammer <br> (hier: beliebige Beispiele) | **Aufgaben:** <br> Texte (Textsorten), die Sie verfassen müssen (hier: beliebige Beispiele) <br> **Textbeilagen:** <br> Texte, die Sie in Ihren eigenen Texten verarbeiten müssen. Wie das zu geschehen hat, sagen Ihnen die Arbeitsaufträge (hier: beliebige Beispiele). |
|---|---|

- Im Anschluss daran erhalten Sie verschiedene Informationen und formale Vorschriften, v. a.: Die Arbeitszeit beträgt 300 Minuten.
- Das Beispiel oben zeigt, dass eine Textsorte in mehreren Aufgabenpaketen vorkommen kann (im Beispiel oben: der Kommentar).
- Das Aufgabenpaket mit dem Thema „Literatur – Kunst – Kultur" enthält immer eine Textinterpretation und eine „kurze" Textsorte (siehe folgende INFO-BOX), also Kommentar, Leserbrief oder Zusammenfassung.

## 2 TEXTE, DIE SIE VERFASSEN MÜSSEN

> **VORGABEN ZU DEN TEXTEN, DIE SIE VERFASSEN MÜSSEN**     **INFO-BOX**
>
> Nachdem Sie sich für ein Themenpaket entschieden haben:
>
> - Erledigen Sie beide Aufgaben.
> - Die Reihenfolge der Erledigung ist Ihnen überlassen.
> - Die beiden Texte, die Sie verfassen, sind – unabhängig von ihrer Länge – in der Beurteilung gleichwertig.
> - Jede der beiden Aufgaben verlangt eine bestimmte Textsorte. Innerhalb eines Aufgabenpakets sind das zwei verschiedene Textsorten.
> - Jede der beiden Aufgaben enthält zwei, drei oder vier Arbeitsaufträge, die Sie jedenfalls erfüllen sollten (siehe Kapitel 5, Seite 9 ff.).
> - Jede Aufgabe enthält eine Angabe zur Länge des Texts, den Sie verfassen sollen. In Summe soll Ihre Klausurarbeit (= zwei Texte) ca. 900 Wörter umfassen. Für die Textsorten gibt es drei Längenvorgaben:
>   - ca. 300 Wörter (+/- 10 %), also 270 bis 330 Wörter
>   - ca. 450 Wörter (+/- 10 %), also 405 bis 495 Wörter
>   - ca. 600 Wörter (+/- 10 %), also 540 bis 660 Wörter
>   
>   Im Detail sind in den Aufgaben folgende Textlängen möglich:
>
> | | mögliche Textlänge | | | Unterschreitung problematisch | Überschreitung problematisch |
> |---|---|---|---|---|---|
> | | 270 – 330 Wörter | 405 – 495 Wörter | 540 – 660 Wörter | | |
> | Erörterung | | x | x | x | |
> | Kommentar | x | x | x | | x |
> | Leserbrief | x | | | | x |
> | Meinungsrede | | x | x | x | |
> | Textanalyse | | x | x | x | |
> | Textinterpretation | | | x | x | |
> | Zusammenfassung | x | | | | x |

## 3 TEXTBEILAGEN

> **TEXTBEILAGEN**     **INFO-BOX**
>
> - Jede einzelne Aufgabe enthält eine oder mehrere Textbeilagen.
> - Als Textbeilage kann jede Art von Text fungieren, etwa literarische Texte, Texte aus Zeitungen und Zeitschriften, Online-Artikel, Ausschnitte aus Büchern, auch nichtlineare Texte, etwa Grafiken, Schaubilder, Text-Bild-Kombinationen.
> - Textbeilagen müssen Sie jedenfalls genau lesen und verstehen. Sie sind nicht nur ein Impuls, sondern müssen in dem von Ihnen produzierten Text verarbeitet werden.
> - Wie Sie die Textbeilage verarbeiten müssen, sagen Ihnen die Arbeitsaufträge; z. B. *„Nennen Sie die sozialen Voraussetzungen für ein friedliches Zusammenleben, die in der Textbeilage angeführt werden."* – *„Vergleichen Sie die Positionen der Diskutanten im Hinblick auf Gefahren der direkten Demokratie."* – *„Setzen Sie sich mit den Forderungen der Verfasserin auseinander."*
> - Besonders bedeutend sind die Textbeilagen, wenn Sie eine Textinterpretation, eine Textanalyse oder eine Zusammenfassung schreiben müssen. In diesen Fällen wird die Textbeilage zum Thema Ihres Texts.
> - Eine genaue Auseinandersetzung mit den Textbeilagen empfiehlt sich auch deshalb, weil mit diesen Ihre Lesekompetenz (mit-)überprüft wird.

# 4 DER SITUATIVE KONTEXT

---

**DER SITUATIVE KONTEXT**                                                      **INFO-BOX**

- Teilweise werden die Schreibaufgaben bei der Klausurarbeit in einen situativen Kontext gestellt, d. h., es wird **eine fiktive Situation** angegeben, in der Sie schreiben müssen.
  Diese Situationsbeschreibung enthält gewöhnlich
  - die **Rolle**, aus der heraus Sie schreiben sollen,
  - **Adressaten/Adressatinnen** Ihres Texts,
  - das **Medium**, für das Sie schreiben.
  *Beispiel:*
  *Situation: Für die Schwerpunktausgabe Ihrer Schülerzeitung zum Thema „Fit für den Job" schreiben Sie einen Kommentar, in dem Sie sich mit der Bedeutung des richtigen Outfits im Arbeitsleben auseinandersetzen. Als Grundlage verwenden Sie eine Kolumne.*

  *Quelle: https://www.srdp.at/fileadmin/user_upload/downloads/Matura_2015-16/*
  *01_US_Deutsch/KL16_PT2_ALL_DEU_SR_CC_AU.pdf (6. Jänner 2018).*

- Bei den Textsorten **Erörterung, Textanalyse** und **Textinterpretation** gibt es **keinen situativen Kontext**.

---

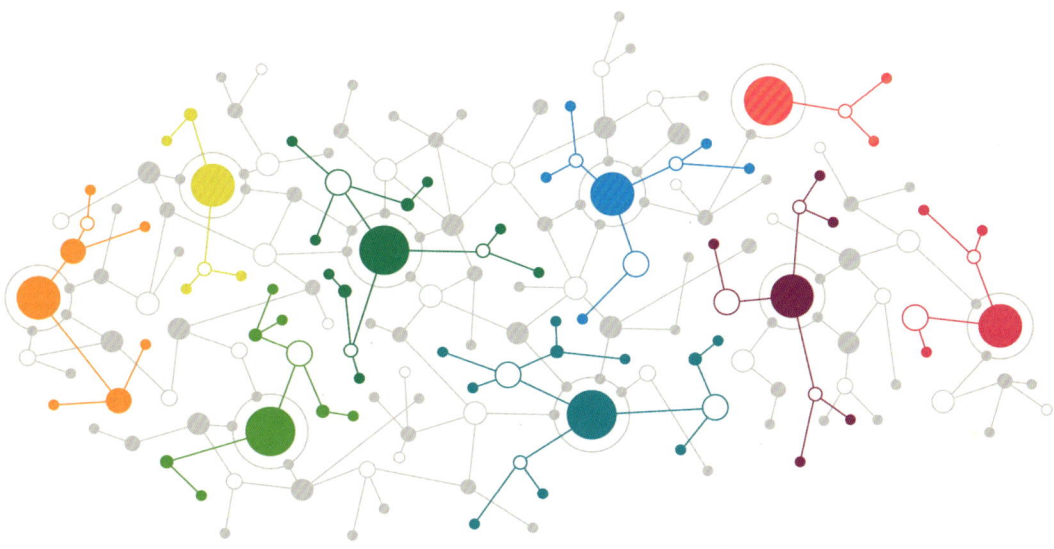

# 5 DIE ARBEITSAUFTRÄGE

---

**DIE ARBEITSAUFTRÄGE**                                                        **INFO-BOX**

- Jede Aufgabe enthält zwei, drei oder vier **Arbeitsaufträge**, die einer einheitlichen Struktur folgen:

| | |
|---|---|
| *Untersuchen Sie ...........................................* | *den Text im Hinblick auf manipulative Strategien.* |
| *Erschließen Sie ...........................................* | *die in dem Text enthaltene Kritik.* |
| *Beurteilen Sie ...........................................* | *die Zweckmäßigkeit der Vorschläge.* |
| *Entwerfen Sie ...........................................* | *ein Szenario für ein gedeihliches Zusammenleben.* |

| = **Handlungsdimension** | = **Inhaltsdimension** |
|---|---|
| – Operatoren | – Aspekt |
| – Was Sie machen müssen | – Worauf Sie sich beziehen müssen |

*FORTSETZUNG →*

---

**DIE ARBEITSAUFTRÄGE** *(FORTSETZUNG)* **INFO-BOX**

- Operatoren sind Verben, die Ihnen sagen, was Sie sprachlich und geistig machen sollen. Folgende Operatoren kommen in den Aufgaben zum Einsatz. Laut www.srdp.at (Stand: 9. November 2018) handelt es sich allerdings um eine offene Liste, die erweitert werden kann:

| 1. Operatoren, die Leistungen im Bereich Reproduktion fordern | 2. Operatoren, die Leistungen im Bereich Reorganisation und Transfer verlangen | 3. Operatoren, die Leistungen im Bereich Reflexion und Problemlösung verlangen |
|---|---|---|
| **1.1** (be)nennen<br>**1.2** beschreiben<br>**1.3** wiedergeben<br>**1.4** zusammenfassen | **2.1** analysieren/untersuchen<br>**2.2** bestimmen/einordnen/ zuordnen<br>**2.3** charakterisieren<br>**2.4** erklären<br>**2.5** erläutern<br>**2.6** erschließen<br>**2.7** in Beziehung setzen<br>**2.8** vergleichen/einander gegen- überstellen | **3.1** appellieren<br>**3.2** begründen/Gründe angeben<br>**3.3** beurteilen<br>**3.4** bewerten<br>**3.5** deuten/interpretieren<br>**3.6** diskutieren/erörtern/sich aus- einandersetzen mit<br>**3.7** entwerfen<br>**3.8** kommentieren/Stellung nehmen<br>**3.9** (über)prüfen<br>**3.10** vorschlagen/Vorschläge machen |
| *Diese Operatoren bedeuten, dass Sie nur reproduzieren dürfen, also nur wiedergeben, was Sie in der Textbeilage finden. Sie dürfen keine zusätzlichen Informationen, eigene Gedanken, Kommentare, Bewertungen etc. einbringen.* | *Diese Operatoren bedeuten, dass Sie Wissen, über das Sie verfügen, neu anordnen oder anwenden müssen.*<br>*Beispiel: Sie wissen, wie man die Sprache eines Textes analysiert, und kennen sprachliche Manipulationsstrategien. Dieses Wissen müssen Sie nun auf einen Text anwenden, bei dem Sie das noch nie gemacht haben.* | *Diese Operatoren bedeuten, dass Sie neues Wissen schaffen, also schreibend zu etwas kommen, was Sie zuvor so weder gewusst noch geäußert haben.*<br>*Beispiele: Wenn Sie vorgeschlagene Maßnahmen beurteilen, dann stellt Ihr Urteil ein neues Wissen dar.*<br>*Wenn Sie sprachliche Symbole interpretieren, stellt Ihre Interpretation neues Wissen dar.* |

- Die Operatoren sind in den Arbeitsaufträgen so gewählt, dass sie zur jeweiligen Textsorte führen.
- Allerdings macht die Erfüllung der Arbeitsaufträge und der Operatoren noch nicht die gesamte Textsorte aus.
  *Beispiele:*
  – *Es gibt kaum eine Textsorte, die ohne irgendeine Form von Einleitung auskommt. Eine Einleitung wird aber gewöhnlich von den Arbeitsaufträgen nicht verlangt.*
  – *In einem kohärenten Text hängen die einzelnen Absätze und Gedankenschritte zusammen. Die bloße Erfüllung der Arbeitsaufträge leistet das nicht.*
  – *Eine Meinungsrede etwa zeichnet sich u. a. durch den gezielten Einsatz von rhetorischen Mitteln aus. Diese werden von Arbeitsaufträgen kaum eingefordert werden.*
- Wenn Sie den Anweisungen der Arbeitsaufträge folgen, haben Sie einen wesentlichen inhaltlichen Teil der Aufgabe erledigt. Wenn nicht, wird sich das auf die Beurteilung negativ auswirken.

**Eine Erläuterung der Operatoren und spezielle Übungen dazu finden Sie in Abschnitt 3.**

**1.2** Fragen Sie Ihren Lehrer/Ihre Lehrerin, wenn Ihnen noch etwas unklar ist.
Füllen Sie in der folgenden Beispielaufgabe die fehlenden Informationen ein.

**RDP/ RP**

**Thema: Schule**

Hier finden Sie das General ▨▨▨▨▨▨▨ , unter das beide Aufgaben fallen.

**Leistungsbeurteilung**

Hier wird das Thema ▨▨▨▨▨▨▨ .

**Aufgabe 1**

**Verfassen Sie einen Kommentar.**

Hier wird die ▨▨▨▨▨▨▨ , die Sie als **Aufgabe 1** verfassen sollen, angegeben.

**Situation:**
*Sie arbeiten für eine Website, die sich vor allem an Schüler/innen der oberen Jahrgänge richtet. Sie bietet schulbezogene Serviceleistungen und fördert die Diskussionen schulbezogener Themen. Um eine Forumsdiskussion zum Thema „Leistungsbeurteilung" vom Zaun zu brechen, schreiben Sie für die Website einen Kommentar.*

Oft wird auch das ▨▨▨▨▨▨▨ genannt, in dem Ihr Text erscheinen soll.

Beachten Sie, für welche ▨▨▨▨▨▨ Sie Ihren Text schreiben sollen.

Lesen Sie die Analyse „Die Notengebung an Österreichs Schulen ist willkürlich und hängt von Zufälligkeiten ab" aus der Zeitschrift „Profil" (**Textbeilage 1**).

Hier finden Sie den Hinweis auf die ▨▨▨▨▨▨ , die Sie genau lesen sollten. Häufig ist auch die Textsorte der Beilage angeführt.

Verfassen Sie danach einen Kommentar und bearbeiten Sie dabei **die folgenden Arbeitsaufträge**.
- **Benennen** Sie die Missstände, die es in der Notengebung laut Analyse gibt.
- **Erklären** Sie wichtige Zusammenhänge, die die Notengebung beeinflussen.
- **Setzen** Sie sich mit der Frage nach Gerechtigkeit in der Leistungsbeurteilung **auseinander**.
- **Beurteilen** Sie die derzeitige Situation.

Hier wird die ▨▨▨▨▨▨ , die Sie verfassen sollen, wiederholt.

Hier werden die Arbeitsaufträge angekündigt. Sie müssen ▨▨▨▨▨ erfüllen.

Schreiben Sie **405 bis 495** Wörter.
Markieren Sie Absätze mittels Leerzeilen.

Die markierten Verben nennt man „▨▨▨▨▨▨▨". Sie legen fest, was Sie jedenfalls machen sollen.

Hier wird angegeben, welchen ▨▨▨▨▨▨ Ihr Text haben soll.

**INFOBOX**

In solchen INFOBOXEN erhalten Sie Informationen, und zwar
- Wissen, das man nicht voraussetzen kann,
- Erklärungen von Wörtern in der Textbeilage, die nicht im Österreichischen Wörterbuch stehen.

# 6 DIE BEURTEILUNG DER KLAUSURARBEIT

Die Beurteilung der Klausurarbeit erfolgt in drei Schritten:

1. Bewertung von Text 1 (nicht Beurteilung!)
2. Bewertung von Text 2 (nicht Beurteilung!)
3. Gesamtbeurteilung der Klausurarbeit auf der Grundlage der Bewertung von Text 1 und Text 2

## 6.1 Bewertung der Texte mit dem Beurteilungsraster

Für die Bewertung der Texte muss der Beurteilungsraster der RP/RDP verwendet werden (*https://www.srdp.at/fileadmin/ user_upload/downloads/Begleitmaterial/01_US_Deutsch/Konzepte-Modelle/srdp_us_beurteilungsraster_2017-10-16.pdf, 9. November 2018*).

---

**DER BEURTEILUNGSRASTER**                                          **INFO-BOX**

(Beurteilungsraster siehe S. 13; im Folgenden verweisen die Zahlen auf die entsprechenden Kennzeichnungen im Beurteilungsraster)

**Struktur des Beurteilungsrasters**

Der Beurteilungsraster umfasst vier Dimensionen, nach denen ein Text bewertet wird:

**❶ Inhalt**
**❷ Textstruktur**
**❸ Stil/Ausdruck**
**❹ normative Sprachrichtigkeit**

In den Zeilen ❺ werden für jede Dimension **Deskriptoren** ❻ genannt, die entsprechend den **Kompetenzstufen** ❼ differenziert werden.

**Bewertung der Texte**

- Bei der Bewertung der Texte muss der Prüfer/die Prüferin für jeden Text einzeln eine Kompetenzstufe für jede Dimension festlegen ❽ (graue Zeilen im Beurteilungsraster). Das geschieht auf der Grundlage der Deskriptoren ❻.
- Sollte eine Dimension mit „nicht erfüllt" bewertet werden, kann der Prüfer/die Prüferin in der Spalte „nicht erfüllt" kennzeichnen, welcher Deskriptor zur negativen Bewertung geführt hat.
- Häufig werden innerhalb einer Dimension je nach Deskriptor verschiedene Kompetenzstufen zutreffen. Jede Dimension muss aber letztendlich einer einzigen Kompetenzstufe zugeordnet werden. Dabei orientiert sich der Prüfer/die Prüferin an Anzahl und Gewicht der einzelnen Deskriptoren.

---

**1.3** Nach dem Beurteilungsraster finden Sie Erläuterungen zu den Deskriptoren der einzelnen Beurteilungsdimensionen: Studieren Sie diese genau. Sie zeigen Ihnen, worauf es bei der Beurteilung der Klausurarbeit in Deutsch ankommt.

## SRDP/BRP Deutsch, Kroatisch, Slowenisch, Ungarisch – Beurteilungsraster für Text 1

### K1

| K1 | nicht erfüllt | das Wesentliche überwiegend erfüllt | das Wesentliche zur Gänze erfüllt | über das Wesentliche hinausgehend erfüllt | weit über das Wesentliche hinausgehend erfüllt |
|---|---|---|---|---|---|
| **Inhalt** — Aufgabenerfüllung aus inhaltlicher Sicht | | Schreibhandlung(en) im Sinne der geforderten Textsorte überwiegend realisiert | Schreibhandlung(en) im Sinne der geforderten Textsorte weitgehend realisiert | Schreibhandlung(en) im Sinne der geforderten Textsorte durchgehend realisiert | Schreibhandlung(en) im Sinne der geforderten Textsorte umfassend realisiert |
| | | Arbeitsaufträge überwiegend erfüllt | Arbeitsaufträge weitgehend erfüllt | alle Arbeitsaufträge erfüllt | alle Arbeitsaufträge umfassend erfüllt |
| | | Textbeilage(n) im Sinne der Arbeitsaufträge überwiegend erfasst | Textbeilage(n) im Sinne der Arbeitsaufträge weitgehend erfasst | Textbeilage(n) im Sinne der Arbeitsaufträge vollständig erfasst | Textbeilage(n) im Sinne der Arbeitsaufträge vollständig erfasst |
| | | sachlich überwiegend richtig | sachlich weitgehend richtig | sachlich durchgehend richtig | sachlich durchgehend richtig |
| | | Qualität der inhaltlichen Auseinandersetzung: oberflächlich/wenig treffsicher/reproduzierend | Qualität der inhaltlichen Auseinandersetzung: ansatzweise komplex/weitgehend treffsicher/Ansätze zur Eigenständigkeit | Qualität der inhaltlichen Auseinandersetzung: komplex/treffsicher/merklich eigenständig | Qualität der inhaltlichen Auseinandersetzung: in hohem Maße komplex/treffsicher/eigenständig; gegebenenfalls ideenreich |
| **Textstruktur** — Aufgabenerfüllung aus textstruktureller Sicht | | Kohärenz: Text gedanklich und formal überwiegend der Textsorte angemessen strukturiert | Kohärenz: Text gedanklich und formal weitgehend der Textsorte angemessen strukturiert | Kohärenz: Text gedanklich und formal durchgehend der Textsorte angemessen und klar strukturiert | Kohärenz: Text gedanklich und formal durchgehend der Textsorte angemessen, klar, zielgerichtet und gegebenenfalls eigenständig strukturiert |
| | | Bezugnahme auf die Textbeilage(n) im Sinne der geforderten Textsorte überwiegend erkennbar | Bezugnahme auf die Textbeilage(n) im Sinne der geforderten Textsorte weitgehend erkennbar | gelungene Verknüpfung mit der/den Textbeilage(n) im Sinne der geforderten Textsorte | besonders gelungene Verknüpfung mit der/den Textbeilage(n) im Sinne der geforderten Textsorte |
| | | Einsatz passender Kohäsionsmittel überwiegend erkennbar | Einsatz passender Kohäsionsmittel weitgehend erkennbar | nahezu durchgehender Einsatz passender Kohäsionsmittel | durchgehender Einsatz passender Kohäsionsmittel |

### K3/1

| K3/1 | nicht erfüllt | das Wesentliche überwiegend erfüllt | das Wesentliche zur Gänze erfüllt | über das Wesentliche hinausgehend erfüllt | weit über das Wesentliche hinausgehend erfüllt |
|---|---|---|---|---|---|
| **Stil/Ausdruck** — Aufgabenerfüllung in Bezug auf Stil und Ausdruck | | überwiegend schreibhandlungs- und situationsadäquate Sprachverwendung | weitgehend schreibhandlungs- und situationsadäquate Sprachverwendung | nahezu durchgehend schreibhandlungs- und situationsadäquate Sprachverwendung | durchgehend schreibhandlungs- und situationsadäquate Sprachverwendung |
| | | überwiegend angemessene und semantisch korrekte Ausdrucksweise sowie geringe Varianz in der Wortwahl | weitgehend angemessene und semantisch korrekte Ausdrucksweise sowie variantenreiche Wortwahl | durchgehend angemessene und semantisch korrekte Ausdrucksweise sowie präzise und variantenreiche Wortwahl | durchgehend angemessene und semantisch korrekte Ausdrucksweise sowie besonders präzise, differenzierte und variantenreiche Wortwahl |
| | | überwiegend gut verständliche bzw. nur wenig variierende Satzstrukturen | weitgehend gut verständliche und variantenreiche Satzstrukturen | durchgehend variantenreiche und komplexe bzw. der Textsorte angemessene Satzstrukturen | besonders variantenreiche und komplexe bzw. der Textsorte angemessene Satzstrukturen |
| | | viele an die Textbeilage(n) angelehnte oder wörtlich übernommene Formulierungen | weitgehend eigenständige Formulierungen | nahezu durchgehend eigenständige Formulierungen | durchgehend eigenständige Formulierungen |
| **Sprachnormen** — Aufgabenerfüllung in Bezug auf normative Sprachrichtigkeit | | überwiegend richtige Anwendung der Regeln der Orthografie | weitgehend richtige Anwendung der Regeln der Orthografie | richtige Anwendung der Regeln der Orthografie; wenige Fehler | orthografisch (nahezu) fehlerfrei |
| | | überwiegend richtige Anwendung der Regeln der Zeichensetzung | weitgehend richtige Anwendung der Regeln der Zeichensetzung | richtige Anwendung der Regeln der Zeichensetzung; wenige Fehler | Zeichensetzung (nahezu) fehlerfrei |
| | | überwiegend richtige Anwendung der Regeln der Grammatik | weitgehend richtige Anwendung der Regeln der Grammatik | richtige Anwendung der Regeln der Grammatik; wenige Fehler | grammatikalisch (nahezu) fehlerfrei |

*Quelle: https://www.srdp.at/fileadmin/user_upload/downloads/Begleitmaterial/01_US_Deutsch/Konzepte-Modelle/srdp_us_beurteilungsraster_2017-10-16.pdf (9. Nov. 2018).*

## 6.1.1 Dimension „Inhalt"

| | nicht erfüllt | das Wesentliche überwiegend erfüllt | das Wesentliche zur Gänze erfüllt | über das Wesentliche hinausgehend erfüllt | weit über das Wesentliche hinausgehend erfüllt |
|---|---|---|---|---|---|
| 1 | | Schreibhandlung(en) im Sinne der geforderten Textsorte überwiegend realisiert | Schreibhandlung(en) im Sinne der geforderten Textsorte weitgehend realisiert | Schreibhandlung(en) im Sinne der geforderten Textsorte durchgehend realisiert | Schreibhandlung(en) im Sinne der geforderten Textsorte umfassend realisiert |
| 2 | | Arbeitsaufträge überwiegend erfüllt | Arbeitsaufträge weitgehend erfüllt | alle Arbeitsaufträge erfüllt | alle Arbeitsaufträge umfassend erfüllt |
| 3 | | Textbeilage(n) im Sinne der Arbeitsaufträge überwiegend erfasst | Textbeilage(n) im Sinne der Arbeitsaufträge weitgehend erfasst | Textbeilage(n) im Sinne der Arbeitsaufträge vollständig erfasst | Textbeilage(n) im Sinne der Arbeitsaufträge vollständig erfasst |
| 4 | | sachlich überwiegend richtig | sachlich weitgehend richtig | sachlich richtig | sachlich durchgehend richtig |
| 5 | | Qualität der inhaltlichen Auseinandersetzung: oberflächlich/wenig treffsicher/ reproduzierend | Qualität der inhaltlichen Auseinandersetzung: ansatzweise komplex/ weitgehend treffsicher/ Ansätze zur Eigenständigkeit | Qualität der inhaltlichen Auseinandersetzung: komplex/treffsicher/ merklich eigenständig | Qualität der inhaltlichen Auseinandersetzung: in hohem Maße komplex/ treffsicher/eigenständig; gegebenenfalls ideenreich |

---

### ERLÄUTERUNGEN ZUR BEURTEILUNG DER DIMENSION „INHALT"    INFO-BOX

**Zeile 1:** Bei der RDP/RP wird der Begriff „Schreibhandlung" verwendet. Damit sind grundlegende Verfahren gemeint, wie man Gedanken versprachlicht. Die folgenden „Schreibhandlungen" spielen bei der RDP/RP eine Rolle:

- **Deskription (Beschreibung):** Man reiht Sachverhalte nach dem „und"-Prinzip aneinander; keine logischen Verknüpfungen (wie z. B. „weil" oder „daher").
- **Narration (Bericht, Erzählung):** Vergangene Ereignisse werden sprachlich – häufig in ihrem chronologischen Verlauf und gewöhnlich im Präteritum – dargestellt.
- **Explikation (Erklärung):** Sachverhalte werden logisch aufeinander bezogen, z. B. Ursache – Wirkung, Grund – Folge, Zweck – Mittel.
- **Argumentation:** Eine strittige Frage wird mit Hilfe von These(n), Argumenten, Belegen, Beweisen, Schlussfolgerung, Lösung etc. behandelt. Es ist also nötig, Sachverhalte auf verschiedene Arten logisch aufeinander zu beziehen.
- **Rekapitulation (Wiedergabe):** Aus einer neutralen Perspektive wird etwas wiedergegeben, was jemand anderer geäußert hat.
- **Evaluation (Bewertung):** Etwas wird aus einer bestimmten Perspektive bewertet.

„Schreibhandlungen" können als „Bausteine" von Textsorten gesehen werden. Man kann sie in verschiedensten Textsorten einsetzen (vgl. die Textsortenbeschreibungen in Abschnitt 2). Andererseits verlangen Textsorten nach bestimmten „Schreibhandlungen", z. B. kommen Kommentar, Leserbrief, Meinungsrede und Erörterung ohne Argumentation nicht aus; eine Zusammenfassung ohne Rekapitulation ist keine Zusammenfassung.

Das Kriterium in Zeile 1 bedeutet daher: Haben Sie jene „Schreibhandlungen" verwendet, die die Textsorte verlangt? Folglich: Haben Sie die **Textsorte realisiert**?

**Zeile 2:** Wie **ausführlich** haben Sie die Arbeitsaufträge erfüllt?

Haben Sie Arbeitsaufträge z. B. nur oberflächlich oder sehr detailliert erfüllt?

Wie ausführlich Arbeitsaufträge zu erfüllen sind, hängt einerseits vom Operator, andererseits von der Textsorte ab.

Operator: Z. B. wird „Bestimmen Sie …" üblicherweise nicht so ausführlich ausfallen können wie etwa „Diskutieren Sie …".

Textsorte: Z. B. wird in einer Textanalyse die Wiedergabe des Inhalts der Textbeilage ausführlicher ausfallen müssen als in einer Meinungsrede.

**Zeile 3:** Wie gut haben Sie den Inhalt der **Textbeilage verstanden**?

*FORTSETZUNG →*

**Zeile 4:** Ist alles, was Sie äußern, frei von Aussagen, die man objektiv als „**falsch**" bezeichnen kann?

Bei diesen Deskriptoren geht es nicht um die Textbeilage (= Zeile 3), sondern um Ihr sogenanntes Weltwissen.

**Zeile 5:** **Wie komplex und eigenständig ist das Denken**, das Sie mit Ihrem Text zeigen?

Wie weit können Sie über den Inhalt der Textbeilage hinausdenken? Ist das, was Sie äußern, logisch und nachvollziehbar – oder widersprüchlich?

Bei einer Zusammenfassung dürfen Sie natürlich nicht Inhalte über die Textbeilage hinaus „hinzudenken"; hier geht es darum, wie gut es Ihnen gelungen ist, die Textbeilage zu komprimieren.

## 6.1.2 Dimension „Textstruktur"

| nicht erfüllt | das Wesentliche überwiegend erfüllt | das Wesentliche zur Gänze erfüllt | über das Wesentliche hinausgehend erfüllt | weit über das Wesentliche hinausgehend erfüllt |
|---|---|---|---|---|
| **1** | Kohärenz: Text gedanklich und formal überwiegend der Textsorte angemessen strukturiert | Kohärenz: Text gedanklich und formal weitgehend der Textsorte angemessen strukturiert | Kohärenz: Text gedanklich und formal durchgehend der Textsorte angemessen und klar strukturiert | Kohärenz: Text gedanklich und formal durchgehend der Textsorte angemessen, klar, zielgerichtet und gegebenenfalls eigenständig strukturiert |
| **2** | Bezugnahme auf die Textbeilage(n) im Sinne der geforderten Textsorte überwiegend erkennbar | Bezugnahme auf die Textbeilage(n) im Sinne der geforderten Textsorte realisiert | gelungene Verknüpfung mit der/den Textbeilage(n) im Sinne der geforderten Textsorte | besonders gelungene Verknüpfung mit der/den Textbeilage(n) im Sinne der geforderten Textsorte |
| **3** | Einsatz passender Kohäsionsmittel überwiegend erkennbar | Einsatz passender Kohäsionsmittel weitgehend erkennbar | nahezu durchgehender Einsatz passender Kohäsionsmittel | durchgehender Einsatz passender Kohäsionsmittel |

**Zeile 1:** **Wie gut und wie passend ist die Gliederung Ihrer Gedanken in Absätzen?** Wie passend ist die Anordnung der Absätze?

„Passend" heißt hier: „der Textsorte entsprechend".

Bei diesem Deskriptor geht es also um eine klar nachvollziehbare logische Struktur Ihres Texts und darum, dass er frei von Gedankensprüngen ist.

**Zeile 2:** **Wie gut und wie passend verarbeiten Sie die Textbeilage(n) in Ihrem Text?**

Die Art der Verarbeitung ist je nach Textsorte und Arbeitsaufträgen unterschiedlich. Für einen Leser/ eine Leserin, der/die die Aufgabenstellung und die Textbeilage nicht kennt, also ausschließlich Ihren Text liest, sollte jedenfalls erkennbar sein, dass Sie sich in Ihrem Text (auch) auf einen anderen Text beziehen.

**Zeile 3:** **Wie dicht und wie vielfältig sind Sätze und Satzteile Ihres Texts miteinander verbunden**, etwa mit Konjunktionen, Pronomen, Pronominaladverbien, Konjunktionaladverbien, Ersatzwörtern?

## 6.1.3 Dimension „Stil/Ausdruck"

| | nicht erfüllt | das Wesentliche überwiegend erfüllt | das Wesentliche zur Gänze erfüllt | über das Wesentliche hinausgehend erfüllt | weit über das Wesentliche hinausgehend erfüllt |
|---|---|---|---|---|---|
| 1 | | überwiegend schreib-handlungs- und situations-adäquate Sprachverwendung | weitgehend schreib-handlungs- und situations-adäquate Sprachverwendung | nahezu durchgehend schreibhandlungs- und situationsadäquate Sprachverwendung | durchgehend schreib-handlungs- und situations-adäquate Sprachverwendung |
| 2 | | überwiegend angemessene und semantisch korrekte Ausdrucksweise sowie geringe Varianz in der Wortwahl | weitgehend angemessene und semantisch korrekte Ausdrucksweise sowie variantenreiche Wortwahl | durchgehend angemessene und semantisch korrekte Ausdrucksweise sowie präzise und variantenreiche Wortwahl | durchgehend angemessene und semantisch korrekte Ausdrucksweise sowie besonders präzise, differenzierte und variantenreiche Wortwahl |
| 3 | | überwiegend gut verständliche bzw. nur wenig variierende Satzstrukturen | weitgehend gut verständliche und variantenreiche Satzstrukturen | durchgehend varianten-reiche und komplexe bzw. der Textsorte angemessene Satzstrukturen | besonders variantenreiche und komplexe bzw. der Textsorte angemessene Satzstrukturen |
| 4 | | viele an die Textbeilage(n) angelehnte oder wörtlich übernommene Formulierungen | weitgehend eigenständige Formulierungen | nahezu durchgehend eigenständige Formulierungen | durchgehend eigenständige Formulierungen |

---

**ERLÄUTERUNGEN ZUR BEURTEILUNG DER DIMENSION „STIL/AUSDRUCK"**          *INFO-BOX*

**Zeile 1:** **Wie passend ist die von Ihnen verwendete Sprache** in Bezug auf die Situation, die Adressaten/Adressatinnen, die Textsorte und die für die Textsorte wichtigen „Schreibhandlungen"?
Zu diesem Deskriptor zählt auch der gezielte Einsatz von Stilmitteln.
Beispiele:
Haben Sie es vermieden, gesprochene Sprache zu verwenden?
Haben Sie in Ihrer Meinungsrede inhaltlich wichtige Stellen durch rhetorische Mittel hervorgehoben?
Haben Sie Ihre Textanalyse in einem sachlichen Stil verfasst?

**Zeile 2:** **Wie präzise ist Ihre Wortwahl** und **wie umfangreich zeigt sich der Wortschatz** in Ihrem Text?
Zu diesem Deskriptor zählt auch, ob und wie korrekt Sie Fachvokabular, z. B. in einer Textanalyse oder in einer Textinterpretation, verwenden können.

**Zeile 3:** **Wie verständlich und wie abwechslungsreich ist der Satzbau** in Ihrem Text?
Bei diesem Deskriptor spielt die Textsorte eine wesentliche Rolle. In einer Meinungsrede etwa wird der Satzbau nicht allzu komplex sein, in einer Erörterung aber sehr wohl. Die Komplexität des Satzbaus (Achtung: keine Schachtelsätze!) sollte die gute Verständlichkeit Ihres Texts nicht beeinträchtigen.

**Zeile 4:** **Wie gut und wie passend ist die Textbeilage sprachlich in Ihren eigenen Text integriert?**
Das heißt: Haben Sie sich bei Textsorten, bei denen das sein soll, von den Formulierungen der Textbeilage(n) gelöst und eigenständig formuliert? Haben Sie etwa in einer Zusammenfassung nur wenig wörtlich übernommen?
Haben Sie dort, wo es nötig ist, z. B. in Textanalyse und Textinterpretation, an passenden Stellen auch wörtlich zitiert?

## 6.1.4 Dimension „normative Sprachrichtigkeit"

| nicht erfüllt | das Wesentliche überwiegend erfüllt | das Wesentliche zur Gänze erfüllt | über das Wesentliche hinausgehend erfüllt | weit über das Wesentliche hinausgehend erfüllt |
|---|---|---|---|---|
| **1** | überwiegend richtige Anwendung der Regeln der Orthografie | weitgehend richtige Anwendung der Regeln der Orthografie | richtige Anwendung der Regeln der Orthografie; wenige Fehler | orthografisch (nahezu) fehlerfrei |
| **2** | überwiegend richtige Anwendung der Regeln der Zeichensetzung | weitgehend richtige Anwendung der Regeln der Zeichensetzung | richtige Anwendung der Regeln der Zeichensetzung; wenige Fehler | Zeichensetzung (nahezu) fehlerfrei |
| **3** | überwiegend richtige Anwendung der Regeln der Grammatik | weitgehend richtige Anwendung der Regeln der Grammatik | richtige Anwendung der Regeln der Grammatik; wenige Fehler | grammatikalisch (nahezu) fehlerfrei |

### ERLÄUTERUNGEN ZU „NORMATIVE SPRACHRICHTIGKEIT"   **INFO-BOX**

Verstöße gegen Sprach- und Schreibnormen müssen danach bewertet werden, welcher Eindruck in Bezug auf Fehler in Rechtschreibung, Grammatik und Zeichensetzung entsteht. Dabei sind auch folgende Gesichtspunkte zu beachten:

- **Anzahl der Fehler:** Es spielt eine Rolle, wie viele Fehler Sie machen.
- **Schwere der Fehler:** Es spielt eine Rolle, wie schwerwiegend die vorliegenden Fehler sind.

Laut www.srdp.at lässt sich nicht grundsätzlich sagen, was ein „schwerer" bzw. „leichter" Fehler ist. Man kann aber berücksichtigen, ob der jeweilige Fehler …

- … ein Verstoß gegen **grundlegende Regeln** der deutschen Sprache ist,
- … bei **häufig vorkommenden Wörtern** erfolgt.

Darüber hinaus wird ein Fehler umso schwerwiegender sein, je stärker er bei einem „normalen", gebildeten Leser/einer „normalen", gebildeten Leserin den Lesefluss stört oder die Verständlichkeit beeinträchtigt – oder gar den Sinn stört oder verändert, z. B.:

> *Ein Vorteil des Power-Armbands ist die digitale Auswertung der Daten, welche über Apps, auf dem Smartphone oder Computer jederzeit abgerufen werden kann.* (Komma nach „Apps" ist sinnverändernd, führt zu Unsinn)
> *Der Interviewte behauptet, der Journalist sei parteiisch. – Der Interviewte, behauptet der Journalist, sei parteiisch.*
> *Diese Methode wird es Schülern ermöglichen, Ihre/ihre Stärken zu entdecken.*

**Bewertung der Fehler:**

- **Niveau 1 und 2** („[weit] über das Wesentliche hinausgehend erfüllt"): Es liegen keine oder nur wenige Fehler vor. Eindruck auf Niveau 1: nur Flüchtigkeitsfehler.
- **Niveau 3** („das Wesentliche zur Gänze erfüllt"): Der Text erweckt den Eindruck, dass Unsicherheiten bei der Anwendung relevanter Regeln bestehen.
- **Niveau 4** („das Wesentliche überwiegend erfüllt"): Es zeigen sich erhebliche Verstöße gegen standardsprachliche Normen.

## 6.2 Gesamtbeurteilung der Klausurarbeit

(Die folgenden Informationen können Sie anhand eines fiktiven Beispiels (S. 18) konkret mitverfolgen. Beachten Sie die Hinweise durch die Ziffern.)

Nachdem der Prüfer/die Prüferin jeden der beiden Texte in den Dimensionen
❶ Inhalt,
❷ Textstruktur,
❸ Stil/Ausdruck,
❹ normative Sprachrichtigkeit
bewertet hat, führt er/sie die Bewertungen zu drei Kompetenzbereichen zusammen:

## SRDP/BRP Deutsch, Kroatisch, Slowenisch, Ungarisch – Beurteilungsraster für Text 1

| K1 | nicht erfüllt | das Wesentliche überwiegend erfüllt | das Wesentliche zur Gänze erfüllt | über das Wesentliche hinausgehend erfüllt | weit über das Wesentliche hinausgehend erfüllt |
|---|---|---|---|---|---|
| **Inhalt** | ☐ | **①** ☒ | ☐ | ☐ | ☐ |
| Aufgaben-erfüllung aus inhaltlicher Sicht | | Schreibhandlung(en) im Sinne der geforderten Textsorte überwiegend realisiert | Schreibhandlung(en) im Sinne der geforderten Textsorte weitgehend realisiert | Schreibhandlung(en) im Sinne der geforderten Textsorte durchgehend realisiert | Schreibhandlung(en) im Sinne der geforderten Textsorte umfassend realisiert |
| | | Arbeitsaufträge überwiegend erfüllt | Arbeitsaufträge weitgehend erfüllt | alle Arbeitsaufträge erfüllt | alle Arbeitsaufträge umfassend erfüllt |
| | | Textbeilage(n) im Sinne der Arbeitsaufträge überwiegend erfasst | Textbeilage(n) im Sinne der Arbeitsaufträge weitgehend erfasst | Textbeilage(n) im Sinne der Arbeitsaufträge vollständig erfasst | Textbeilage(n) im Sinne der Arbeitsaufträge vollständig erfasst |
| | | sachlich überwiegend richtig | sachlich weitgehend richtig | sachlich richtig | sachlich durchgehend richtig |
| | | Qualität der inhaltlichen Auseinandersetzung: oberflächlich/wenig treffsicher/reproduzierend | Qualität der inhaltlichen Auseinandersetzung: ansatzweise komplex/weitgehend treffsicher/Ansätze zur Eigenständigkeit | Qualität der inhaltlichen Auseinandersetzung: komplex/treffsicher/merklich eigenständig | Qualität der inhaltlichen Auseinandersetzung: in hohem Maße komplex/treffsicher/eigenständig; gegebenenfalls ideenreich |
| **Textstruktur** | ☐ | **②** ☒ | ☐ | ☐ | ☐ |
| Aufgaben-erfüllung aus textstruktureller Sicht | | Kohärenz: Text gedanklich und formal überwiegend der Textsorte angemessen strukturiert | Kohärenz: Text gedanklich und formal weitgehend der Textsorte angemessen strukturiert | Kohärenz: Text gedanklich und formal durchgehend der Textsorte angemessen und klar strukturiert | Kohärenz: Text gedanklich und formal durchgehend der Textsorte angemessen, klar, zielgerichtet und gegebenenfalls eigenständig strukturiert |
| | | Bezugnahme auf die Textbeilage(n) im Sinne der geforderten Textsorte überwiegend erkennbar | Bezugnahme auf die Textbeilage(n) im Sinne der geforderten Textsorte realisiert | gelungene Verknüpfung mit der/den Textbeilage(n) im Sinne der geforderten Textsorte | besonders gelungene Verknüpfung mit der/den Textbeilage(n) im Sinne der geforderten Textsorte |
| | | Einsatz passender Kohäsionsmittel überwiegend erkennbar | Einsatz passender Kohäsionsmittel weitgehend erkennbar | nahezu durchgehender Einsatz passender Kohäsionsmittel | durchgehender Einsatz passender Kohäsionsmittel |
| **K1** | ☐ | **⑤** ☒ | ☐ | ☐ | ☐ |

| K3/1 | nicht erfüllt | das Wesentliche überwiegend erfüllt | das Wesentliche zur Gänze erfüllt | über das Wesentliche hinausgehend erfüllt | weit über das Wesentliche hinausgehend erfüllt |
|---|---|---|---|---|---|
| **Stil/Ausdruck** | ☐ | ☐ | **③** ☒ | ☐ | ☐ |
| Aufgaben-erfüllung in Bezug auf Stil und Ausdruck | | überwiegend schreibhandlungs- und situationsadäquate Sprachverwendung | weitgehend schreibhandlungs- und situationsadäquate Sprachverwendung | nahezu durchgehend schreibhandlungs- und situationsadäquate Sprachverwendung | durchgehend schreibhandlungs- und situations-adäquate Sprachverwendung |
| | | überwiegend angemessene und semantisch korrekte Ausdrucksweise sowie geringe Varianz in der Wortwahl | weitgehend angemessene und semantisch korrekte Ausdrucksweise sowie variantenreiche Wortwahl | durchgehend angemessene und semantisch korrekte Ausdrucksweise sowie präzise und variantenreiche Wortwahl | durchgehend angemessene und semantisch korrekte Ausdrucksweise sowie besonders präzise, differenzierte und variantenreiche Wortwahl |
| | | überwiegend gut verständliche bzw. nur wenig variierende Satzstrukturen | weitgehend gut verständliche und variantenreiche Satzstrukturen | durchgehend variantenreiche und komplexe bzw. der Textsorte angemessene Satzstrukturen | besonders variantenreiche und komplexe bzw. der Textsorte angemessene Satzstrukturen |
| | | viele an die Textbeilage(n) angelehnte oder wörtlich übernommene Formulierungen | weitgehend eigenständige Formulierungen | nahezu durchgehend eigenständige Formulierungen | durchgehend eigenständige Formulierungen |
| **Sprachnormen** | ☐ | ☐ | ☐ | **④** ☒ | ☐ |
| Aufgaben-erfüllung in Bezug auf normative Sprach-richtigkeit | | überwiegend richtige Anwendung der Regeln der Orthografie | weitgehend richtige Anwendung der Regeln der Orthografie | richtige Anwendung der Regeln der Orthografie; wenige Fehler | orthografisch (nahezu) fehlerfrei |
| | | überwiegend richtige Anwendung der Regeln der Zeichensetzung | weitgehend richtige Anwendung der Regeln der Zeichensetzung | richtige Anwendung der Regeln der Zeichensetzung; wenige Fehler | Zeichensetzung (nahezu) fehlerfrei |
| | | überwiegend richtige Anwendung der Regeln der Grammatik | weitgehend richtige Anwendung der Regeln der Grammatik | richtige Anwendung der Regeln der Grammatik; wenige Fehler | grammatikalisch (nahezu) fehlerfrei |
| **K3/1** | ☐ | ☐ | ☐ | **⑦** ☒ | ☐ |

## SRDP/BRP Deutsch, Kroatisch, Slowenisch, Ungarisch – Beurteilungsraster für Text 2

| K2 | nicht erfüllt | das Wesentliche überwiegend erfüllt | das Wesentliche zur Gänze erfüllt | über das Wesentliche hinausgehend erfüllt | weit über das Wesentliche hinausgehend erfüllt |
|---|---|---|---|---|---|
| **Inhalt** | ☐ | ☐ | **①** ☒ | ☐ | ☐ |
| Aufgaben-erfüllung aus inhaltlicher Sicht | | Schreibhandlung(en) im Sinne der geforderten Textsorte überwiegend realisiert | Schreibhandlung(en) im Sinne der geforderten Textsorte weitgehend realisiert | Schreibhandlung(en) im Sinne der geforderten Textsorte durchgehend realisiert | Schreibhandlung(en) im Sinne der geforderten Textsorte umfassend realisiert |
| | | Arbeitsaufträge überwiegend erfüllt | Arbeitsaufträge weitgehend erfüllt | alle Arbeitsaufträge erfüllt | alle Arbeitsaufträge umfassend erfüllt |
| | | Textbeilage(n) im Sinne der Arbeitsaufträge überwiegend erfasst | Textbeilage(n) im Sinne der Arbeitsaufträge weitgehend erfasst | Textbeilage(n) im Sinne der Arbeitsaufträge vollständig erfasst | Textbeilage(n) im Sinne der Arbeitsaufträge vollständig erfasst |
| | | sachlich überwiegend richtig | sachlich weitgehend richtig | sachlich richtig | sachlich durchgehend richtig |
| | | Qualität der inhaltlichen Auseinandersetzung: oberflächlich/wenig treffsicher/reproduzierend | Qualität der inhaltlichen Auseinandersetzung: ansatzweise komplex/weitgehend treffsicher/Ansätze zur Eigenständigkeit | Qualität der inhaltlichen Auseinandersetzung: komplex/treffsicher/merklich eigenständig | Qualität der inhaltlichen Auseinandersetzung: in hohem Maße komplex/treffsicher/eigenständig; gegebenenfalls ideenreich |
| **Textstruktur** | ☐ | ☐ | ☐ | **②** ☒ | ☐ |
| Aufgaben-erfüllung aus textstruktureller Sicht | | Kohärenz: Text gedanklich und formal überwiegend der Textsorte angemessen strukturiert | Kohärenz: Text gedanklich und formal weitgehend der Textsorte angemessen strukturiert | Kohärenz: Text gedanklich und formal durchgehend der Textsorte angemessen und klar strukturiert | Kohärenz: Text gedanklich und formal durchgehend der Textsorte angemessen, klar, zielgerichtet und gegebenenfalls eigenständig strukturiert |
| | | Bezugnahme auf die Textbeilage(n) im Sinne der geforderten Textsorte überwiegend erkennbar | Bezugnahme auf die Textbeilage(n) im Sinne der geforderten Textsorte realisiert | gelungene Verknüpfung mit der/den Textbeilage(n) im Sinne der geforderten Textsorte | besonders gelungene Verknüpfung mit der/den Textbeilage(n) im Sinne der geforderten Textsorte |
| | | Einsatz passender Kohäsionsmittel überwiegend erkennbar | Einsatz passender Kohäsionsmittel weitgehend erkennbar | nahezu durchgehender Einsatz passender Kohäsionsmittel | durchgehender Einsatz passender Kohäsionsmittel |
| **K2** | ☐ | ☐ | **⑥** ☒ | ☐ | ☐ |

| K3/2 | nicht erfüllt | das Wesentliche überwiegend erfüllt | das Wesentliche zur Gänze erfüllt | über das Wesentliche hinausgehend erfüllt | weit über das Wesentliche hinausgehend erfüllt |
|---|---|---|---|---|---|
| **Stil/Ausdruck** | ☐ | ☐ | ☐ | **③** ☒ | ☐ |
| Aufgaben-erfüllung in Bezug auf Stil und Ausdruck | | überwiegend schreibhandlungs- und situationsadäquate Sprachverwendung | weitgehend schreibhandlungs- und situationsadäquate Sprachverwendung | nahezu durchgehend schreibhandlungs- und situationsadäquate Sprachverwendung | durchgehend schreibhandlungs- und situations-adäquate Sprachverwendung |
| | | überwiegend angemessene und semantisch korrekte Ausdrucksweise sowie geringe Varianz in der Wortwahl | weitgehend angemessene und semantisch korrekte Ausdrucksweise sowie variantenreiche Wortwahl | durchgehend angemessene und semantisch korrekte Ausdrucksweise sowie präzise und variantenreiche Wortwahl | durchgehend angemessene und semantisch korrekte Ausdrucksweise sowie besonders präzise, differenzierte und variantenreiche Wortwahl |
| | | überwiegend gut verständliche bzw. nur wenig variierende Satzstrukturen | weitgehend gut verständliche und variantenreiche Satzstrukturen | durchgehend variantenreiche und komplexe bzw. der Textsorte angemessene Satzstrukturen | besonders variantenreiche und komplexe bzw. der Textsorte angemessene Satzstrukturen |
| | | viele an die Textbeilage(n) angelehnte oder wörtlich übernommene Formulierungen | weitgehend eigenständige Formulierungen | nahezu durchgehend eigenständige Formulierungen | durchgehend eigenständige Formulierungen |
| **Sprachnormen** | ☐ | ☐ | ☐ | **④** ☒ | ☐ |
| Aufgaben-erfüllung in Bezug auf normative Sprach-richtigkeit | | überwiegend richtige Anwendung der Regeln der Orthografie | weitgehend richtige Anwendung der Regeln der Orthografie | richtige Anwendung der Regeln der Orthografie; wenige Fehler | orthografisch (nahezu) fehlerfrei |
| | | überwiegend richtige Anwendung der Regeln der Zeichensetzung | weitgehend richtige Anwendung der Regeln der Zeichensetzung | richtige Anwendung der Regeln der Zeichensetzung; wenige Fehler | Zeichensetzung (nahezu) fehlerfrei |
| | | überwiegend richtige Anwendung der Regeln der Grammatik | weitgehend richtige Anwendung der Regeln der Grammatik | richtige Anwendung der Regeln der Grammatik; wenige Fehler | grammatikalisch (nahezu) fehlerfrei |
| **K3/2** | ☐ | ☐ | ☐ | **⑦** ☒ | ☐ |

| **Kompetenzbereich 1 (K1)** 5 | **Kompetenzbereich 2 (K2)** 6 |
|---|---|
| Inhalt und Textstruktur von Text 1 | Inhalt und Textstruktur von Text 2 |

**Kompetenzbereich 3 (K3)**

Stil/Ausdruck und normative Sprachrichtigkeit beider Texte gemeinsam
(setzt sich zusammen aus K3/1 und K3/2) 7

Diese drei Kompetenzbereiche (K1 bis K3) werden bewertet. Daraus ergibt sich die Beurteilung der Klausurarbeit. Im Beispiel S. 18 heißt das:

- K1 = Niveau 4,
- K2 = Niveau 3,
- K3 = Niveau 2 (aus K3/1 = 2 und K3/2 = 2).

Diese Bewertung wird im Beispiel vermutlich die Beurteilung „Befriedigend" ergeben.

**Zu beachten:**

- Ergibt sich aus der Bewertung der beiden Dimensionen eines Kompetenzbereiches **keine eindeutige Zuordnung** zu einer Kompetenzstufe, muss der Prüfer/die Prüferin die Leistungen in den Dimensionen gewichten, um zu einer Bewertung des Kompetenzbereiches zu kommen.
  *Im Beispiel S. 18 ist das bei K3/1 und bei K2 der Fall.*
  *Bei K3/1 wurde „normative Sprachrichtigkeit" stärker gewichtet, bei K2 „Inhalt".*
- **Die Kompetenzbereiche sind gleichwertig**, sie dürfen also nicht gewichtet werden.
- Um eine **insgesamt positive Beurteilung der Klausurarbeit** zu erreichen, **müssen K1 und K2 positiv** (zumindest „das Wesentliche überwiegend erfüllt") **bewertet werden**. Das heißt:
  - Beide Kompetenzbereiche sind dann positiv, wenn sowohl die Dimension Inhalt als auch die Dimension Textstruktur des jeweiligen Textes positiv bewertet wurden.
  - Dimensionen sind dann positiv, wenn alle Deskriptoren positiv bewertet wurden.
  - Das heißt schließlich: Wenn bei Inhalt oder bei Textstruktur bei einem der beiden Texte auch nur ein einziger Deskriptor „nicht erfüllt" ist (ein einziges „Kreuzerl" in der Spalte „nicht erfüllt"), ist die Dimension negativ. Bei K1 und K2 bedeutet das, dass auch der jeweilige Kompetenzbereich negativ ist. Das heißt, dass die Klausurarbeit mit „Nicht genügend" beurteilt werden muss.
- **Sollte K3/1 oder K3/2 negativ sein** (nicht einmal „das Wesentliche überwiegend erfüllt"), so **ist ein Ausgleich zwischen diesen beiden Texten** möglich. Das heißt:
  - Wenn eine Dimension des Kompetenzbereichs 3 in Text 1 oder in Text 2 negativ ist, führt das nicht (wie in K1 oder K2) direkt zu einem „Nicht genügend".
  - Wenn ein Text in K3 negativ, der andere Text in K3 aber deutlich positiv ist, so muss der Prüfer/die Prüferin entscheiden, ob K3 insgesamt positiv oder negativ ist.
- Der Beurteilungsvorschlag muss vom Prüfer/von der Prüferin verbal begründet werden.

**1.4** Überprüfen Sie Ihr Wissen über das Format für die Klausurarbeit in Deutsch: Entscheiden Sie, ob die folgenden Aussagen richtig oder falsch sind. Stellen Sie falsche Aussagen richtig.

| | richtig | falsch |
|---|---|---|
| 1. Aus den drei Themenpaketen kann man sich zwei Aufgaben aussuchen. | | |
| 2. In den drei Themenpaketen befinden sich sechs unterschiedliche Textsorten. | | |
| 3. Die Arbeitszeit beträgt 300 Minuten. | | |
| 4. Die Textbeilagen sind als Impulse gedacht, die den Gedanken auf die Sprünge helfen sollen. | | |
| 5. Eines der Themenpakete enthält jedenfalls eine Textinterpretation. | | |
| 6. Bei der Klausurarbeit sollte man insgesamt ca. 900 Wörter schreiben. | | |
| 7. Als Textbeilagen kommen alle Arten von Texten in Betracht, auch diskontinuierliche. | | |
| 8. Bei der Klausurarbeit wird auch die Lesekompetenz überprüft. | | |
| 9. Bei der Klausurarbeit muss man zwei Texte schreiben. | | |
| 10. Je länger ein Text ist, desto gewichtiger ist er bei der Beurteilung. | | |
| 11. Arbeitsaufträge sind Vorschläge, wie man vorgehen könnte. | | |
| 12. Unter dem Stichwort „Situation" wird ein situativer Kontext des Schreibens vorgegeben. | | |
| 13. Bei den Textsorten Erörterung, Textanalyse und Textinterpretation gibt es keinen situativen Kontext. | | |
| 14. Operatoren sind Verben, die einen anweisen, was man sprachlich und geistig machen soll. | | |
| 15. Die Beurteilung erfolgt nach den Dimensionen Inhalt, Stil, Ausdruck und normative Sprachrichtigkeit. | | |
| 16. Jeder der beiden Texte, die man schreibt, wird für sich beurteilt. | | |
| 17. Der Beurteilungsraster enthält Deskriptoren, die man als Qualitätskriterien verstehen kann. | | |
| 18. Die Dimension Inhalt ist in der Beurteilung die wichtigste. | | |
| 19. In der Dimension Textstruktur spielen die Gliederung in Absätze, die Verknüpfung mit der Textbeilage und Kohäsionsmittel eine wichtige Rolle. | | |
| 20. Bei der Beurteilung der normativen Sprachrichtigkeit spielen sowohl Qualität als auch Quantität der Fehler eine Rolle. | | |

**FAQ ZUR KLAUSURARBEIT**

- **Wie lange dauert die Klausur in Deutsch?**
  Die reine Arbeitszeit beträgt 300 Minuten.

- **Darf ich ein Wörterbuch verwenden?**
  Ja, die Verwendung eines Wörterbuchs ist gestattet.

- **Darf ich Nachschlagwerke wie etwa Wikipedia verwenden?**
  Nein, die Verwendung von Nachschlagwerken – außer einem Wörterbuch – ist nicht erlaubt.

- **Kann ich in der Vorbereitung einzelne Textsorten vernachlässigen, weil ohnedies nur insgesamt sechs in den Aufgabenpaketen vorkommen können?**
  In den Aufgabenpaketen können auch weniger als insgesamt sechs Textsorten vorkommen. Denn jede Textsorte kann nicht nur in einem einzigen Aufgabenpaket, sondern auch in zwei oder gar allen drei vorkommen. Es ist daher nicht ratsam, einzelne Textsorten von vornherein zu „streichen".

- **Darf ich die Deutsch-Klausur auf dem PC schreiben?**
  Grundsätzlich ja. Das wird aber von jeder Schule individuell festgelegt.

- **Darf ich beim Schreiben auf dem PC die automatische Rechtschreib- und Grammatikkorrektur verwenden?**
  Ja.

- **Muss ich befürchten, dass ich mir unter dem situativen Kontext nichts vorstellen kann?**
  Nein. Der situative Kontext der Aufgaben ist so gewählt, dass Sie sich darunter etwas vorstellen können.

- **Kann es sein, dass mir ein Thema gar nichts sagt; dass es z. B. so speziell ist, dass sich z. B. nur HAK-Schüler/innen dazu etwas vorstellen können?**
  Nein. Die Themen sind sehr allgemein gehalten; sie entsprechen dem Weltwissen junger Menschen von heute, die eine höhere Schule besucht haben. Außerdem: Es gibt drei Themenpakete. Sollte Ihnen ein Thema gar nicht zusagen, können Sie auf ein anderes ausweichen. Das ist ein weiterer Grund, warum Sie bei den Textsorten nicht spekulieren, sondern alle Textsorten beherrschen sollten.

- **Muss man bei der Deutsch-Matura überhaupt etwas wissen?**
  Zwar werden bei der RDP/RP Kompetenzen überprüft, es gibt aber keine Kompetenz ohne Wissen. Sie brauchen
  - **Weltwissen**, d. h. das Wissen über die Umwelt und die Gesellschaft sowie Wissen, das aus Erfahrung kommt. Dieses Weltwissen eignet man sich durch aufmerksame und interessierte Teilhabe an der Gesellschaft sowie in allgemein bildenden Gegenständen an.
  - **Fachwissen**, d. h. Wissen, das Sie im Fach Deutsch erlernt haben, z. B.
    - Textsortenwissen,
    - Wissen über Lesestrategien,
    - Wissen zum Auffinden und Beseitigen von Fehlern,
    - Wissen über den Schreibprozess (wie plant man, wie überarbeitet man?),
    - literarisches Wissen,
    - Wissen über Sprache und Literatur,
    - Wissen, wie man Texte analysiert und interpretiert,
    - Wissen über eigene, fachbezogene Stärken und Schwächen.

- **Was passiert bei einem „Nicht genügend"?**
  Bei einem „Nicht genügend" haben Sie die Möglichkeit, zu einer mündlichen Kompensationsprüfung anzutreten. Dabei müssen Sie folgende Kompetenzen nachweisen: Lesekompetenz (Texte verstehen), Argumentationskompetenz, Analyse- und Interpretationskompetenz, Sachkompetenz (vgl. Weltwissen, siehe oben), Reflexionskompetenz und Sprachbewusstsein.
  Kompensationsprüfungen werden – wie die Klausur – „zentral" gestellt und finden vor den mündlichen Reife- und Diplomprüfungen/Reifeprüfungen statt. (siehe S. 100 ff.)

## 1  DIE ERÖRTERUNG

| ERÖRTERUNG | INFO-BOX |
|---|---|
| **Definition:** | Eine Erörterung ist die schriftliche Auseinandersetzung mit einem **strittigen Thema**. Dieses Thema wird in der Textbeilage zumindest angesprochen, muss **aus verschiedenen Perspektiven** betrachtet und **argumentierend** behandelt werden. Das Thema (Problem) kann direkt benannt oder als Fragestellung bzw. als These formuliert sein. **Die Erörterung wird im Präsens verfasst.** |
| **Anforderungen:** | Eine Erörterung erfordert das **Durchdenken eines Themas** (einer Behauptung) in **relevanter, schlüssiger Argumentation** und die **selbstständige Fortführung der Gedanken**. Dabei muss man von **verschiedenen Standpunkten** aus auf das Thema/das Problem blicken. |
| **Es geht darum, …** | <ul><li>… die Textbeilage zu verstehen, den darin abgebildeten Sachverhalt darzulegen und kritisch zu betrachten,</li><li>… eigene Gedanken zu dem/den dort angesprochenen Thema/Problemen zu entwickeln, die man</li><li>möglichst überzeugend darlegt, argumentierend stützt;</li><li>… das Thema/Problem **von verschiedenen Seiten** zu betrachten,</li><li>… **Pro und Kontra** abzuwägen.</li></ul>**Achten Sie darauf, was die Arbeitsaufträge von Ihnen konkret verlangen.** |
| **Es geht NICHT darum, …** | <ul><li>… persönliche Meinungen zu äußern,</li><li>… subjektiv zu kommentieren,</li><li>… einseitig (linear) zu argumentieren,</li><li>… die Entscheidung für eine Position an die Leser/innen oder sonst jemanden zu delegieren (z. B. „…. muss jede/r für sich selber entscheiden …").</li></ul> |
| **Wichtige Schreibhandlungen (siehe S. 14)** | Zentrale Schreibhandlung: Argumentation<br>Weitere Schreibhandlungen: Deskription, Evaluation, Explikation, Narration, Rekapitulation |
| **Stil/Ausdruck:** | sachlich argumentierend, informierend, logisch-klar, verständlich, erläuternd; in den Beispielen/Belegen anschaulich; kritisch-prüfend aus verschiedenen Perspektiven |
| **Möglicher Aufbau:** | |
| Titel: | Schreiben Sie einen Titel, der das Thema präzise fasst und zum Weiterlesen anregt. |
| Einleitung: | Die Funktion der Einleitung ist es, dem Leser/der Leserin Orientierung zu verschaffen (**Thema deutlich machen!**) und die **Aufmerksamkeit** zu wecken. Denkbar ist eine provozierende Meinung (die man später auch widerlegen kann), eine provozierende Aussage zum Thema, ein echter oder fingierter Dialog, ein Zukunftsbild, ein Zitat, ein Sprichwort, ein aktueller Anlass (Zeitungs-, Radio-, TV-Meldung), eine Definition des Zentralbegriffs. Machen Sie nicht den beiliegenden Text zum Thema (wie in einer Textanalyse oder Zusammenfassung), sondern darin dargestellte Sachverhalte/Probleme/Themen. |
| Hauptteil: | <ul><li>Erläuterung, kritische Prüfung und Bewertung eines Sachverhalts/Themas/einer Position</li><li>Betrachtung des Sachverhalts/Themas/der Position aus verschiedenen Perspektiven</li><li>Entwicklung einer eigenen Position, die durch Argumente, Abwägen von Pro- und Kontra-Argumenten, Erklärungen, Informationen und Beispiele gestützt wird</li><li>Fazit, Schlussfolgerungen</li></ul> |
| Schluss: | Bereiten Sie die Leser/innen auf das Ende des Textes vor. Als Abschluss können Sie z. B. Folgendes verwenden: einen Vorschlag zur Änderung/Verbesserung; Einordnung des Problems in einen größeren Zusammenhang; einen Ausblick in die Zukunft; einen Appell (eine Aufforderung, etwas zu unternehmen gegen, für …); einen Bezug zur Einleitung. |

*FORTSETZUNG →*

## ERÖRTERUNG *(FORTSETZUNG)*

| | |
|---|---|
| **Situativer Kontext:** | Ist nicht vorgegeben. Prüfungssituation = Kontext des Schreibens |
| **Umfang:** | 405 bis 495 oder 540 bis 660 Wörter; ein **Unter**schreiten des vorgegebenen Umfangs ist problematisch. |

| **Bewertungskriterien:** | |
|---|---|
| Inhalt: | • Darlegung des Sachverhalts/Themas (Prüfung der Textbeilage) in sprachlich verdichteter Form<br>• Ausgewogene Darstellung der relevanten Perspektiven auf das Thema<br>• Relevanz und Haltbarkeit der Argumentation<br>• Miteinbeziehung von Gegenargumenten<br>• Eigenständige Gedanken (Ergänzung oder Erweiterung bzw. Widerlegung der Argumente in der Textbeilage; unbedingt: über die Textbeilage hinaus!)<br>• Fazit/Schlussfolgerung aus den Überlegungen stimmig abgeleitet |
| Textstruktur: | • Einleitung enthält Problemstellung anhand der Textbeilage<br>• Sinnvolle und nachvollziehbare Struktur der Argumentation<br>• Thesen, Argumente/Gegenargumente, Belege/Beweise, Einschränkung, Abwägung sind sinnvoll aufeinander bezogen<br>• Schluss ist deutlich erkennbar (Text bricht nicht plötzlich ab), rundet das Thema ab, z. B. Einordnung in größeren Zusammenhang, Ausblick |
| Stil/Ausdruck: | sachlich-informativer Stil; Variantenreichtum in Wortwahl und Satzbau, Verwendung von verschiedenen Mitteln der Verknüpfung (z. B. kausal: denn; weil ...; final: damit, um zu, deshalb ...) und meinungsabtönenden Partikeln (z. B. *vermutlich, tatsächlich, eigentlich, wohl, doch*); Vermeidung von übertriebener Rhetorisierung/Schwulst |
| Normative Sprachrichtigkeit: | „Sehr gut" wäre: weitestgehend frei von Rechtschreib-, Grammatik- und Zeichensetzungsfehlern;<br>„Genügend": deutlich erkennbare Anwendung der Regeln der deutschen Schreibung und Zeichensetzung, überwiegend grammatikalisch korrekt |

## ERÖRTERUNGEN VERFASSEN      *SO GEHT'S*

**Schritt 1:** Die Textbeilage(n) querlesen (überfliegen).

**Schritt 2:** Die Textbeilage(n) genau lesen, Schlagworte markieren (unterstreichen), vor allem diejenigen Teile, die Sie ansprechen wollen (widersprechen, kritisieren, zustimmen, näher erklären ...). Lesetechniken anwenden.

**Schritt 3:** Den eigenen Text planen:
- Was verlangen die Operatoren?
- Geben die Operatoren eine bestimmte Struktur (Absätze, Abschnitte) vor?
- Legen Sie fest, worauf Sie hinauswollen.
- Mögliche Vierteilung:
  Teil 1: Darstellung des Problems
  Teil 2: Argumentation zum Problem aus verschiedenen Perspektiven; dialektische Betrachtung (pro und kontra)
  Teil 3: das Thema weiterdenken, zu Ende denken
  Teil 4: Resümee, Lösung: kann auch als Schluss verwendet werden.
- Wie beginnen Sie? Formulieren Sie unübliche Überschriften. Ein Lead?
  Oder beginnen Sie mit einem „direkten Einstieg". Auf jeden Fall müssen Sie das Thema anhand der Textbeilage darstellen.
- Wie hören Sie auf (Schluss)?
  Einordnung in einen größeren Zusammenhang, Lösung; eventuell Ausblick?

**Schritt 4:** Formulieren und Aufschreiben:
- Nicht zu viel von der Textbeilage wörtlich übernehmen, sondern eigenständig formulieren. Wörtliche Zitate knapp halten, als Zitate kennzeichnen.
- Generell: sachlich schreiben, argumentieren; fremde Ansichten und Standpunkte als solche sprachlich kennzeichnen, *z. B. Befürworter hingegen meinen, ... (indirekte Rede) .../Aus der Sicht von Befürwortern stellt sich der Sachverhalt allerdings ganz anders dar: ...*
- Beachten Sie: Ihre Argumente sollen ausreichend belegt und illustriert sein.
- Nicht einseitig argumentieren. Eigenständig weiterdenken.
- Präzise formulieren, variantenreich im Satzbau.

**Schritt 5:** Prüfen Sie: Haben Sie alle Arbeitsaufträge erfüllt?

**Schritt 6:** Wörter zählen: Ist der Text zu kurz/zu lang? Notfalls Abschnitte ergänzen, Teile kürzen.

**Schritt 7:** Ruhen lassen, später überarbeiten (z. B. bei RDP/RP zuerst den anderen Text schreiben).

# 2 DER KOMMENTAR

| KOMMENTAR | INFO-BOX |
|---|---|
| **Definition:** | Der Kommentar ist eine **journalistische Textsorte**, die auf Meinungsbildung der Leser/Leserinnen ausgerichtet ist. In einem **wertenden Text** äußern Sie **Ihre Position** zu einem Thema. Diese Position muss eindeutig und durch Argumente/Belege/Beweise gestützt sein. Sie machen das in der Rolle eines Journalisten/einer Journalistin oder in einer anderen Rolle. **Der Kommentar wird im Präsens verfasst.** Kommentare sind im Vergleich zu Leserbriefen inhaltlich komplexer (Argumentation) und sie werden aus einer anderen Rolle heraus geschrieben, vor allem bestehen aber Unterschiede in der Bemühung um pointiertes Formulieren, im Stil. Kommentare sind im Gegensatz zu Erörterungen nicht pro-kontra-argumentierend, sondern einseitig. |
| **Anforderungen:** | Ein Kommentar erfordert <br>• **sachbezogene Teile:** <br>  – knappe Darstellung des Anlasses (Sachverhalt, Ereignis, Meinung etc.), <br>  – Verarbeitung von Fakten sowie Zusatz- und Hintergrundinformationen, <br>  – Darlegung von Zusammenhängen (Sie denken über die Textbeilage hinaus), <br>  – Kritik und Bewertung von Zuständen, Meinungen etc. <br>• **meinungsorientierte Teile**, deren Ziel es ist, die Leser/innen zu überzeugen, indem man <br>  – seine Position deutlich darlegt und <br>  – argumentiert. |
| **Es geht darum, ...** | • ... die Textbeilage zu verstehen und <br>• ... einen eigenen Standpunkt zu dem dort angesprochenen Thema zu entwickeln, den man möglichst überzeugend darlegt. <br>**Achten Sie darauf, was die Arbeitsaufträge von Ihnen konkret verlangen.** |
| **Es geht NICHT darum, ...** | • ... alle Seiten eines Themas zu beleuchten. <br>• ... Behauptungen aufzustellen, ohne zu argumentieren. |
| **Wichtige Schreibhandlungen (siehe S. 14)** | Zentrale Schreibhandlungen: Argumentation, Evaluation <br>Weitere Schreibhandlungen: Deskription, Explikation, Narration, Rekapitulation |
| **Stil/Ausdruck:** | argumentierend, informierend, logisch-klar, verständlich, erläuternd; in den Beispielen und Belegen anschaulich und bildhaft; den Adressaten angepasster Stil; meist kritisch, attackierend; unpersönliche Formulierungen. **Kein „Ich" in einem Kommentar!** |
| **Möglicher Aufbau:** | |
| Titel: | Bei der RDP/RP ist der Titel Ihres Kommentars vorgegeben. |
| Einleitung: | Eine das Interesse weckende Darstellung des Themas gemäß der Textbeilage: Um welches Thema geht es? Welches Thema kommentieren Sie? |
| Hauptteil: | Es geht **nicht** darum, ausgewogen zu argumentieren (das Pro und Kontra abzuwägen) und objektiv zu bleiben, sondern: <br>• Haltungen zum Thema klären <br>• Argumentative Darlegung der eigenen Position (Argumente, Belege dazu; z. B. Fünfsatzstruktur) <br>• Bei Bedarf Gegenposition(en) entkräften/widerlegen (Arbeitsaufträge beachten) <br>• Zusätzliche Informationen bieten |
| Schluss: | Kein Schlussteil im üblichen Sinn! Eventuell ein letzter Appell. <br>Am besten: pointierte/überraschende Bemerkung am Schluss, die bei den Lesern/Leserinnen hängen bleibt <br>Möglich und gut: Pointe oder Verbindung zum Titel, zur Einleitung |

*FORTSETZUNG →*

## KOMMENTAR *(FORTSETZUNG)* — INFO-BOX

| | |
|---|---|
| **Situativer Kontext:** | Der Kontext des Schreibens wird in der Aufgabe angegeben. |
| **Umfang:** | 270 bis 330, 405 bis 495 oder 540 bis 660 Wörter; ein **Über**schreiten des vorgegebenen Umfangs ist problematisch. |
| **Bewertungskriterien:** | |
| Inhalt: | • Darlegung des Sachverhalts/Themas (Abbildung der Textbeilage) in sprachlich verdichteter Form (je nach Aufgabenstellung evtl. nur Teilaspekte der Textbeilage)<br>• Klare Herausarbeitung der eigenen Position<br>• Sowohl für den Sachverhalt als auch für die Öffentlichkeit relevante Argumentation<br>• Haltbarkeit der Argumentation<br>• Widerlegung/Entkräftung von Gegenargumenten<br>• Gedankliche Eigenständigkeit über die Textbeilage hinaus |
| Textstruktur: | Bewusste Strukturierung, evtl. Fünfsatz, Argumente gut verbunden, zusammenhängender Text ohne Brüche (unbegründete Absätze, unlogische Verbindungen):<br>• Einleitung mit Wecken des Interesses und Darlegung des Themas<br>• Argumentative Positionierung im Hauptteil: These, Argumente, Belege, Beweise, Illustration, Entkräftung<br>• Schluss: Position muss klar sein. |
| Stil/Ausdruck: | Leser/innensteuerung durch gezielten Einsatz von rhetorischen Mitteln/Stilmitteln (z. B. rhetorische Fragen, Anaphern, Ausdrucksstellung), Anschaulichkeit. Variantenreichtum in Wortwahl und Satzbau; bewusst gewählte Redeweise (Ironie, Belehrung, Spott ...); Prägnanz/Knappheit, wo erforderlich: Verdichtung des Inhalts; Verknappung der Argumentation mit dem Ziel der Zuspitzung/Pointierung; unpersönliche Formulierungen; Vermeidung von übertriebener Rhetorisierung/Schwulst |
| Normative Sprachrichtigkeit: | „Sehr gut" wäre: weitestgehend frei von Rechtschreib-, Grammatik- und Zeichensetzungsfehlern;<br>„Genügend": deutlich erkennbare Anwendung der Regeln der deutschen Schreibung und Zeichensetzung, überwiegend grammatikalisch korrekt |

## KOMMENTARE VERFASSEN *SO GEHT'S*

**Schritt 1:** Die Textbeilage(n) querlesen (überfliegen).

**Schritt 2:** Die Textbeilage(n) genau lesen, Schlagworte markieren (unterstreichen), vor allem diejenigen Teile, die Sie kommentieren wollen (widersprechen, kritisieren, zustimmen ...).
Lesetechniken anwenden.

**Schritt 3:** Den situativen Kontext prüfen:
- Für welche Zielgruppe schreiben Sie Ihren Kommentar (Laien, Fachleute ...)?
- Welchen Zweck soll Ihr Kommentar erfüllen (Aufklärung, Widerstand wecken ...)?
- Was erwarten die Leser/innen von einem Kommentar?

**Schritt 4:** Den eigenen Text planen:
- Was verlangen die Arbeitsaufträge?
- Legen Sie fest, worauf Sie hinauswollen.
- Legen Sie Ihr Schreibziel genau fest: Was möchten Sie mit Ihrem Kommentar erreichen?
- Fragen Sie sich: Was war/ist der wahre Grund für ... (siehe Thema)? Nur dann werden Sie überzeugende Antworten geben können.
- Skizzieren Sie die Argumentation im Hauptteil.
- Wie beginnen Sie? Sie können ein Lead verwenden. Formulieren Sie das Lead aber im Nachhinein.
Oder beginnen Sie mit einem „direkten Einstieg". Auf jeden Fall müssen Sie die Referenz herstellen, sich auf etwas beziehen (z. B. ein in der Textbeilage angesprochenes Geschehen).
- Der kurze letzte Absatz: Er soll nur ein, zwei Sätze umfassen und überraschend sein, z. B. durch verblüffende Vorschläge oder Appelle, durch eine Pointe. Der Schluss darf keinesfalls zuvor Gesagtes wiederholen.

**Schritt 5:** Formulieren und Aufschreiben:
- Ganz wichtig: eine bestimmte Redeweise wählen, z. B. ironisch, wütend, zustimmend, nüchternsachlich, gelassen, appellierend.
- Nichts oder nur sehr wenig aus dem Fremdtext wörtlich übernehmen, sondern eigenständig formulieren. Wörtliche Zitate knapp halten und als Zitate kennzeichnen.
- Beachten Sie: Ihre Argumente sollen überzeugend sein, daher müssen Sie diese durch markante Beispiele belegen. Schreiben Sie bildhaft-anschaulich.
- Beeinflussen/motivieren Sie die Leser/innen in Ihrem Sinn. Vermeiden Sie Langeweile.
- Verwenden Sie Bilder und Stilmittel: rhetorische Fragen, Vergleiche, Parallelismen ...

**Schritt 6:** Wörter zählen: Ist der Text zu kurz/zu lang? Je nachdem: kürzen oder ergänzen.

**Schritt 7:** Prüfen Sie: Haben Sie alle Arbeitsaufträge erfüllt? Passt Ihr Text zur vorgegebenen Situation?

**Schritt 8:** Ruhen lassen, später überarbeiten (z. B. bei der RDP/RP zuerst den anderen Text schreiben).

**Schritt 9:** Überarbeiten.

# 3  DER LESERBRIEF

| **LESERBRIEF** | **INFO-BOX** |
|---|---|
| **Definition:** | Mit einem Leserbrief äußert ein Leser/eine Leserin einer Zeitung/Zeitschrift seine/ihre persönliche Meinung zu einem Artikel oder sonstigen Beitrag oder allgemein zu einem aktuellen Geschehen. Er/Sie will damit die eigene Meinung veröffentlichen und die Meinung anderer beeinflussen, öffentlich für oder gegen etwas Stellung nehmen oder andere überzeugen, indem er/sie einer Meinung/Entwicklung zustimmt, widerspricht, eine weitere Sichtweise oder Informationen einbringt, Ansichten bzw. Informationen korrigiert etc. Jedenfalls verlangt der Leserbrief Argumente. **Der Leserbrief wird im Präsens verfasst.** Im Vergleich zu einem Kommentar wird der Leserbrief aus einer anderen Rolle geschrieben und setzt stärker auf persönliche Meinung. Der Leserbrief richtet sich an die allgemeine Öffentlichkeit. Würde sich der Text an eine bestimmte Person richten, würde es sich um einen persönlichen Brief (nicht öffentlich) oder einen offenen Brief (öffentlich) handeln. |
| **Anforderungen:** | Ein Leserbrief erfordert<br>• eine klare Referenz: Worauf beziehen Sie sich in Ihrem Leserbrief? Auf einen Text in einem Printmedium/im Netz (wie bei der RDP/RP)? Auf ein Ereignis?<br>• eine argumentativ vorgetragene persönliche Meinung. |
| **Es geht darum, …** | … die breite Öffentlichkeit zu suchen, um ein bestimmtes Ziel zu erreichen. **Achten Sie darauf, was die Arbeitsaufträge von Ihnen konkret verlangen.** |
| **Es geht NICHT darum, …** | … sich an eine einzelne Person oder Personengruppe zu wenden. Der Verfasser/Die Verfasserin richtet sich im Leserbrief an die allgemeine Öffentlichkeit (auch wenn oberflächlich Personen oder eine Redaktion angesprochen werden). |
| **Wichtige Schreibhandlungen (siehe S. 14)** | Zentrale Schreibhandlungen: Argumentation, Evaluation<br>Weitere Schreibhandlungen: Deskription, Explikation, Narration, Rekapitulation |
| **Stil/Ausdruck:** | lebendig-veranschaulichend; ironisch, wütend, zustimmend, kritisierend, ablehnend … |
| **Möglicher Aufbau:** | |
| Titel: | • Nach der Eröffnungsformel (siehe unter „Einleitung") |
| Einleitung: | • „Eröffnungsformel": Anrede (ein Leserbrief ist ein Brief!); die Redaktion um Veröffentlichung des Leserbriefs ersuchen (siehe So-geht's-Kasten, S. 30); danach evtl. auch einen (provozierenden)<br>• Titel<br>• Dann nennt die Einleitung den Schreibanlass (z. B. Zeitungsbericht) und stellt den Bezug zur Textbeilage/zu den Textbeilagen her (nennt Textsorte, Titel, Autor/Autorin, Medium, Erscheinungsdatum); keine Zusammenfassung der Textbeilage(n), sondern lediglich den Aspekt, um den es gehen soll, ansprechen. |
| Hauptteil: | • Die eigene Position (Widerspruch, Kritik oder Bestärkung) muss eindeutig dargelegt und durch Argumente, Beispiele, Belege untermauert sein.<br>• Ablehnung, Ergänzung, Widerspruch etc. sollen mittels schlüssiger Gedankenführung zwingend sein.<br>• Die Leser/innen sollen gemäß Ihren Absichten in die Richtung gelenkt werden, die Sie vorgeben. |
| Schluss: | Möglich sind Appelle, Vorschläge, Ausblick auf Kommendes, Bewertungen, ein Fazit. Danach Schlussformel: Pflicht: Kontaktdaten (Name, Ort, für/im Namen von …, z. B. Verein „Rettet das Kind") |
| **Situativer Kontext:** | Der Kontext des Schreibens wird in der Aufgabe angegeben. |
| **Umfang:** | 270 bis 330 Wörter; ein **Über**schreiten des vorgegebenen Umfangs ist problematisch. |

*FORTSETZUNG →*

**LESERBRIEF** *(FORTSETZUNG)*     **INFO-BOX**

**Bewertungskriterien:**

| | |
|---|---|
| Inhalt: | • Anrede der Redaktion, Briefform<br>• Klare Referenz: ausdrückliche Bezugnahme auf die Textbeilage<br>• Rasches Wecken des Leser/innen-Interesses<br>• Die eigene Position ist klar erkennbar, ebenso die Richtung Ihres Schreibens: Die Leser/innen werden bewusst gelenkt, ihr Interesse wird aufrechterhalten, die Leser/innen spüren Ihre persönliche Betroffenheit. Es gelingt, Emotionen zu wecken.<br>• Die Argumentation ist schlüssig, überzeugend, ausreichend belegt. |
| Textstruktur: | • Eröffnungsformel, Schreibanlass, Bezug zur Textbeilage<br>• Klare Strukturierung, geplant (nicht zufällig), z. B. Fünfsatz, gut verbunden (keine Brüche), wenige Absätze, diese klar begründbar<br>• Schluss schließt den Kreis zum eingangs erwähnten Schreibanlass<br>• Schlussformel |
| Stil/Ausdruck: | • Verdichtung des Inhalts, Prägnanz (kürzere Leserbriefe werden eher abgedruckt/ gelesen als lange)<br>• Varianten: rein sachlich argumentierend oder subjektiv kritisch bis hin zu polemisch oder provozierend (keine Beschimpfungen/Beleidigungen!)<br>• Lebendiger, anschaulicher, emotionalisierender Stil<br>• Variantenreichtum in Wortwahl und Satzbau<br>• Leser/innen-Steuerung durch stilistische Mittel, durch bewussten Einsatz rhetorischer Figuren, bewusst gewählte Redeweise (Ironie, Spott, Attacke …) |
| Normative Sprachrichtigkeit: | „Sehr gut" wäre: weitestgehend frei von Rechtschreib-, Grammatik- und Zeichensetzungsfehlern;<br>„Genügend": deutlich erkennbare Anwendung der Regeln der deutschen Schreibung und Zeichensetzung, überwiegend grammatikalisch korrekt |

# Die Textsorten

## LESERBRIEFE VERFASSEN — *SO GEHT'S*

**Schritt 1:** Die Textbeilage(n) querlesen (überfliegen).

**Schritt 2:** Die Textbeilage(n) genau lesen, Schlagworte markieren (unterstreichen), vor allem diejenigen Teile, auf die Sie in Ihrem Leserbrief Bezug nehmen wollen.
Lesetechniken anwenden.

**Schritt 3:** Den situativen Kontext prüfen:
- Für welches Leser/innen-Publikum schreiben Sie?
- Was ist der Zweck Ihres Leserbriefs?
- Was erwarten die Leser/innen von einem Leserbrief?

**Schritt 4:** Den eigenen Text planen:
- Was verlangen die Arbeitsaufträge?
- Legen Sie fest, worauf Sie hinauswollen. Skizzieren Sie die Argumentation, die zu diesem Ziel führt.
- Legen Sie Ihr Schreibziel genau fest: Was möchten Sie mit Ihrem Lesebrief erreichen?
- Wie beginnen Sie? Üblicher Vorspann eines Leserbriefs:
  *„Sehr geehrte Redaktion!/Sehr geehrte Damen und Herren!*
  *Ich ersuche (Sie) um Veröffentlichung des folgenden Leserbriefs:"*
- Formulieren Sie danach eine provozierende Überschrift, z. B.
  *„Falsche Aussagen", „So kann es nicht weitergehen", „Hier irrt Herr/Frau (Autor/in) gewaltig"*
- Auf jeden Fall müssen Sie anfangs die Referenz herstellen, sich auf etwas beziehen, z. B.:
  *In dem Kommentar (Titel) von (Name), erschienen am (Datum) in Ihrer Zeitung/in der Zeitung „N.N.", behauptet/will ... uns erklären/schreibt/kritisiert/berichtet Herr/Frau ..., dass ...*
- Wie hören Sie auf (Schluss): Appell? Pointe?
  Z. B.: *Und darum appelliere ich/fordere ich ... auf/wünsche ich mir sehr/wäre es dringend notwendig ...*
- Danach: Grußformel (*„Mit freundlichen Grüßen"/„Hochachtungsvoll"*); Kontaktdaten

**Schritt 5:** Formulieren und Aufschreiben:
- Ganz wichtig: Eine bestimmte Redeweise wählen: ironisch, wütend, zustimmend, nüchtern-sachlich, gelassen, appellierend ...
- Nichts oder nur wenig aus dem Fremdtext wörtlich übernehmen, sondern eigenständig formulieren. Wörtliche Zitate sehr knapp halten, als Zitate kennzeichnen.
- Beachten Sie: Ihre Argumente sollen überzeugend sein, daher müssen Sie diese durch markante Beispiele belegen.
- Beeinflussen Sie die Leser/innen in Ihrem Sinn.
- Verwenden Sie Bilder und Stilmittel: Vergleiche, rhetorische Fragen, z. B. *Wer soll das bezahlen? Die Banken? Der liebe Gott? Nein, wir natürlich, wir, die Steuerzahler/Steuerzahlerinnen, die Kleinen.*
- Keine Beleidigungen, Kraftausdrücke, Diskriminierungen!

**Schritt 6:** Wörter zählen: Ist der Text zu kurz/zu lang? Je nachdem: kürzen oder ergänzen.

**Schritt 7:** Prüfen Sie: Haben Sie alle Arbeitsaufträge erfüllt? Haben Sie genau zur vorgegebenen Situation geschrieben?

**Schritt 8:** Ruhen lassen, später überarbeiten (z. B. bei der RDP/RP zuerst den anderen Text schreiben).

**Schritt 9:** Überarbeiten.

# 4 DIE MEINUNGSREDE

| MEINUNGSREDE | INFO-BOX |
|---|---|
| **Definition:** | „Meinungsrede" bezeichnet bei der RDP/RP die Druckfassung einer Rede. Ihr Ziel ist es, ein bestimmtes Publikum von der eigenen Position zu einem aktuellen Thema/Problem zu überzeugen. Die Rede ist vorwiegend argumentativ, spricht aber ebenso das Publikum an und lenkt gezielt dessen Aufmerksamkeit, setzt rhetorische Mittel ein und ist um Anschaulichkeit bemüht.<br>**Die Meinungsrede wird im Präsens verfasst.**<br>Die Meinungsrede zeichnet sich durch gezielten Einsatz von Argumentation und durch Rhetorik im Allgemeinen aus. Sie enthält Information in dem Ausmaß, in dem die Argumentation gestützt werden muss. |
| **Anforderungen:** | Eine Meinungsrede verlangt das Formulieren nach den Erfordernissen einer Rede (stilistisch aufbereitet, rhetorisch geformt, adressatenbezogen). |
| **Es geht darum, …** | … ein Thema zu durchdenken, eigene Positionen zu beziehen und danach die Mittel der Rhetorik gezielt einzusetzen.<br>**Achten Sie darauf, was die Arbeitsaufträge von Ihnen konkret verlangen.** |
| **Es geht NICHT darum, …** | … Gedanken schmucklos zu äußern. |
| **Wichtige Schreibhandlungen (siehe S. 14)** | Zentrale Schreibhandlung: Argumentation<br>Weitere Schreibhandlungen: Deskription, Explikation, Narration, Rekapitulation |
| **Stil/Ausdruck:** | Der Stil einer Meinungsrede enthält die rhetorischen Figuren der Publikumsansprache, ist emotional und affektiv; den Adressaten/Adressatinnen und der Situation angepasster Stil; provozierend, emotionalisierend, satirisch, spöttisch, ernsthaft, mit Engagement vorgetragen. Formulieren Sie anschaulich und illustrieren Sie, sodass in den Köpfen der Zuhörer/innen Bilder entstehen.<br>Eher kein allzu komplexer Satzbau, keine ausgedehnten Satzperioden. |
| **Möglicher Aufbau:** | |
| Titel: | • Bei der RDP/RP ist der Titel Ihrer Meinungsrede vorgegeben. |
| Einleitung: | • Anrede, provozierender/das Interesse weckender Einstieg, Teaser (interessante Anekdote zu Beginn, Gag, Witz …)<br>• Überraschende Mitteilung, Bezug auf einen aktuellen Anlass, Zitat etc. zur Etablierung des Themas<br>• Ausdruck eigener Betroffenheit, eigene Rolle in Bezug auf das Thema |
| Hauptteil: | • Argumentation sinnvoll geplant (reihend oder dialektisch, z. B. Fünfsatz, These – Antithese – Synthese), das stärkste Argument zuletzt<br>• Anschaulichkeit/Illustration durch Geschichten, Anekdoten …; rhetorische Mittel einsetzen |
| Schluss: | • Pointe/Formulierung, die hängen bleibt<br>• Sehr knappe Zusammenfassung, Wiederholung des Allerwichtigsten<br>• Ausblick<br>• Abschließender Appell |
| **Situativer Kontext:** | Der Kontext des Schreibens wird in der Aufgabe angegeben. |
| **Umfang:** | 405 bis 495 oder 540 bis 660 Wörter; ein **Unter**schreiten des vorgegebenen Umfangs ist problematisch. |

*FORTSETZUNG →*

| **Bewertungskriterien:** | |
|---|---|
| Inhalt: | • Orientierung an den Adressaten/Adressatinnen und der Situation: direkte Adressierung an ein Publikum, das überzeugt werden soll<br>• Komprimierte Darstellung des Anlasses<br>• Formulierung einer klaren eigenen Position<br>• Schlüssigkeit der Argumentation, Anschaulichkeit durch Beispiele<br>• Relevanz und Haltbarkeit der Argumentation; gute Beispiele |
| Textstruktur: | • Eröffnungsformel, Anlass, Bezug zur Textbeilage<br>• Klare Strukturierung, geplant (nicht zufällig), z. B. Fünfsatz, gut verbunden (keine Brüche), wenige Absätze, diese klar begründbar<br>• Schluss schließt den Kreis zum eingangs erwähnten Anlass<br>• Schlussformel |
| Stil/Ausdruck: | Hörer-/Leser/innensteuerung durch:<br>• Rhetorische Mittel (z. B. rhetorische Fragen, Anaphern, ...)<br>• Bewusste Verwendung von einfachen Sätzen oder Redundanzen<br>• Variantenreichtum in Wortwahl und Satzbau<br>• Bewusst gewählte Redeweise (Ironie, Belehrung, Spott ...) |
| Normative Sprachrichtigkeit: | „Sehr gut" wäre: weitestgehend frei von Rechtschreib-, Grammatik- und Zeichensetzungsfehlern;<br>„Genügend": deutlich erkennbare Anwendung der Regeln der deutschen Schreibung und Zeichensetzung, überwiegend grammatikalisch korrekt |

## MEINUNGSREDEN VERFASSEN — *SO GEHT'S*

**Schritt 1:** Die Textbeilage(n) querlesen (überfliegen).

**Schritt 2:** Die Textbeilage(n) genau lesen, Schlagworte markieren (unterstreichen), vor allem diejenigen Teile, die Sie in Ihrer Rede ansprechen wollen.
Lesetechniken anwenden.

**Schritt 3:** Den situativen Kontext prüfen:
**Eine Rede halten Sie vor einem bestimmten Publikum, auf dieses muss die Rede abgestimmt sein.**

**Schritt 4:** Den eigenen Text planen:
- Was verlangen die Arbeitsaufträge?
- Legen Sie fest, worauf Sie hinauswollen. Skizzieren Sie die Argumentation, die zu diesem Ziel führt.
- Legen Sie Ihr kommunikatives Ziel genau fest: Was möchten Sie mit Ihrer Meinungsrede erreichen?
- Wie beginnen Sie? Wie sprechen Sie das Publikum an?
  Z. B. *Sehr geehrte Damen und Herren, verehrte Ehrengäste, liebe Klassenkolleginnen und Klassenkollegen!* Beachten Sie eine eventuell zu berücksichtigende Reihenfolge der Ansprache unterschiedlicher Personengruppen im Publikum. Ehrengäste oder Vorgesetzte werden üblicherweise zuerst genannt.
  Überlegen Sie sich einen guten Einstieg, der beim Publikum das Interesse auf das Kommende weckt.
- Vergessen Sie nicht, das Publikum mehrfach anzusprechen.
- Wie hören Sie auf (Schluss)?
  - Empfehlung?
  - Appell, sich Ihrer Meinung anzuschließen?

**Schritt 5:** Formulieren und Aufschreiben:
- Eigenständig formulieren, wenige Übernahmen aus der Textbeilage. Wörtliche Zitate knapp halten, als Zitate kennzeichnen; ein Zitat als solches ansprechen, z. B. *„Das wäre ein ‚bildungspolitischer Supergau', wie XY diese Entwicklung bezeichnet."*
- Bei einer gelungenen Rede kommt es sehr stark auf das stilistische Können an, d. h., Sie sollen rhetorische Figuren verwenden.
- Setzen Sie Stilmittel gezielt, allerdings nicht zu üppig ein. Übertriebener sprachlicher Schmuck kann leicht pathetisch oder lächerlich wirken.
- Stellen Sie Kontakt mit dem Publikum her,
  - indem Sie es ansprechen, z. B. *„Sehr geehrte Damen und Herren! Sie fragen sich wohl genauso wie ich, ..."*,
  - indem Sie Gemeinsamkeiten betonen, z. B. Verwendung von „wir": *„Können wir das hinnehmen?"*, *„Das empört uns zu Recht, Sie genauso wie mich"*.
- Verwenden Sie redeeinleitende und -gliedernde Phrasen, z. B. *„Diese Behauptung werde ich anhand von drei Fragen überprüfen: Erstens ... . Zweitens ... . Drittens ..."*.
- Steuern Sie die Aufmerksamkeit des Publikums, z. B. *„Das scheint mir nun das wesentlichste Argument zu sein, nämlich: ..."*.
- Bringen Sie stichhaltige Argumente und erläutern Sie diese durch möglichst anschauliche Beispiele.

**Schritt 6:** Wörter zählen: Ist der Text zu kurz/zu lang? Je nachdem: kürzen oder ergänzen.

**Schritt 7:** Prüfen Sie: Haben Sie alle Arbeitsaufträge erfüllt? Entspricht Ihre Rede dem situativen Kontext?

**Schritt 8:** Ruhen lassen, später überarbeiten (z. B. bei der RDP/RP zuerst den anderen Text schreiben).

**Schritt 9:** Überarbeiten.

# 5  DIE TEXTANALYSE

| TEXTANALYSE | *INFO-BOX* |
|---|---|
| **Definition:** | In einer Textanalyse wird ein nichtfiktionaler Text (Sachtext, auch Infografiken u. Ä.) beschrieben. Sie setzt eine Analyse in Bezug auf kommunikative Funktionen, auf inhaltliche Aussagen, auf Textstruktur/Aufbau und Sprache voraus.<br>Das Thema einer Textanalyse ist also ein Text, nicht ein Sachthema, das in einem Text aufgegriffen wird.<br>In der schriftlichen Analyse bezieht man sich auf den analysierten Text, indem man etwa auf bestimmte Textstellen hinweist und Zitate und Beispiele verwendet.<br>**Die Textanalyse wird im Präsens verfasst.**<br>Eine Textanalyse enthält weder eine Interpretation noch Geschmacksurteile über den analysierten Text oder das darin behandelte Thema. Sie trifft ausschließlich objektiv nachvollziehbare Sachaussagen über den Text, die anhand des Textes belegbar sind. |
| **Anforderungen:** | Eine Textanalyse erfordert Fachwissen in Bezug auf die Texte, die analysiert werden sollen, etwa in Bezug auf Inhalt, Aufbau, Sprache und Kommunikationsanalyse. |
| **Es geht darum, ...** | ... einen Ausgangstext genau zu durchleuchten und unwiderlegbare Aussagen zu diesem Text zu treffen.<br>**Achten Sie darauf, was die Arbeitsaufträge von Ihnen konkret verlangen.** |
| **Es geht NICHT darum, ...** | ... einen Ausgangstext zusammenzufassen; es geht auch nicht darum, einen Text zu interpretieren, persönlich zu deuten, subjektiv zu kommentieren, Vermutungen darüber anzustellen oder das im Text behandelte Thema zu diskutieren. |
| **Wichtige Schreibhandlungen (siehe S. 14)** | Zentrale Schreibhandlungen: Deskription, Explikation<br>Weitere Schreibhandlungen: Narration, Rekapitulation |
| **Stil/Ausdruck:** | Sachsprache, Fachsprache, informativ darlegend, abstrahierend; Fachterminologie (z. B. Bezeichnungen für rhetorische Mittel, grammatische Begriffe) |
| **Möglicher Aufbau:** | |
| Titel: | • Formulieren Sie einen sachlichen Titel, aus dem hervorgeht, dass Ihr Text eine Textanalyse ist. |
| Einleitung: | • Eckdaten (werden teilweise in der Aufgabenstellung vorgegeben sein): Verfasser/Verfasserin, Titel, Textsorte, wo/wann erschienen (Medium)<br>• Nennung von Zielgruppe, Thema, Textfunktion |
| Hauptteil: | Verschriftlichung der Analyseergebnisse. Die mögliche Gliederung **hängt stark von der Aufgabenstellung** ab. Elemente **könnten** sein:<br>• Thema knapp beschreiben<br>• Inhalt kurz zusammenfassen (referierende Wiedergabe der wichtigsten Aussagen; Darstellungsstrategien)<br>• Analysen zum Aufbau des Textes/zu Strukturen/zur Gliederung:<br>  – formal (z. B. Überschriften, Lead)<br>  – inhaltlich (z. B. Argumentationslinien, Thesen, inhaltliche Abschnitte)<br>  – sprachlich (z. B. Verweiswörter, verbindende Konjunktionen)<br>• Analyse des Textsortenspezifischen (z. B. Diagramm, Glosse)<br>• Analyse der Sprache: Wortwahl, Satzbau, Sprachebenen, Stilmittel und Bilder, Redeweise (z. B. ironisch, belehrend)<br>• Kommunikationsanalyse: Welche Funktion hat der Text (will er z. B. appellieren, beeinflussen)? Was leistet der Text (nicht)? Welchen Nutzen hat er für Leser/innen? Welche Wirkung erzielt er bei den Lesern/Leserinnen? |
| Schluss: | • Knappe Zusammenfassung der Analyse und/oder<br>• evtl. Einschätzung der relevanten Textqualitäten oder der Erfüllung der Textfunktion(en) |

*FORTSETZUNG →*

| **TEXTANALYSE** *(FORTSETZUNG)* | **INFO-BOX** |
|---|---|
| **Situativer Kontext:** | Ist nicht vorgegeben. Prüfungssituation = Kontext des Schreibens |
| **Umfang:** | 405 bis 495 oder 540 bis 660 Wörter; ein **Unter**schreiten des vorgegebenen Umfangs ist problematisch. |
| **Bewertungskriterien:** | |
| Inhalt: | • Sachlich richtige Aussagen über jene Gesichtspunkte, die von den Arbeitsaufträgen gefordert werden<br>• Exakte Hinweise auf den analysierten Text<br>• Analysebefunde sind durch Zitate belegt; richtiges Zitieren<br>• Keine Interpretation |
| Textstruktur: | • Einleitung bietet Basisinformationen (Eckdaten)<br>• Hauptteil: zusammenhängende Darlegung der Analyseergebnisse<br>• Schluss: knappe Zusammenfassung; evtl. Einschätzung von Textqualitäten oder der Erfüllung der Textfunktion (Arbeitsaufträge beachten) |
| Stil/Ausdruck: | • Sachlicher, informierend-darlegender Stil, klar und nüchtern, abstrahierend, „wissenschaftlich"<br>• Eigenständige, von der Textbeilage gelöste Formulierungen<br>• Bezeichnungsgenauigkeit<br>• Richtige Verwendung fachsprachlicher Ausdrücke |
| Normative Sprachrichtigkeit: | „Sehr gut" wäre: weitestgehend frei von Rechtschreib-, Grammatik- und Zeichensetzungsfehlern;<br>„Genügend": deutlich erkennbare Anwendung der Regeln der deutschen Schreibung und Zeichensetzung, überwiegend grammatikalisch korrekt |

## TEXTANALYSEN VERFASSEN — SO GEHT'S

**Schritt 1:** Die Textbeilage(n) querlesen (überfliegen).
Um welche Textsorte handelt es sich?

**Schritt 2:** Die zu analysierende(n) Textbeilage(n) mehrfach genau lesen, dabei Randnotizen über Auffälligkeiten, Fragen etc. machen:
- Was fällt Ihnen beim ersten genauen Lesen auf?
- Was müssen Sie laut Arbeitsaufträgen herausfinden?

**Schritt 3:** Textanalyse durchführen, dabei Stichworte notieren:
- Analysieren Sie den Text nach relevanten Kriterien: Inhaltsanalyse, Formanalyse (= Strukturanalyse), Sprachanalyse, Kommunikationsanalyse
- Beachten Sie, was Sie laut Aufgabenstellung jedenfalls herausfinden müssen.

**Schritt 4:** Den eigenen Text planen:
- Was verlangen die Arbeitsaufträge?
- Geben die Operatoren eine bestimmte Struktur (Absätze, Abschnitte) vor?
- Welche Abschnitte der Textbeilage brauchen Sie für Ihre Analyse besonders?
- Legen Sie die Abschnitte Ihres Hauptteils fest.
- Wie beginnen Sie?
  - Überschrift: „Textanalyse von …"
  - Auf jeden Fall müssen Sie einleitend die Eckdaten anführen (Autor/in; Titel; Medium, in dem der Text erschienen ist, einschließlich Erscheinungsdatum [wenn möglich]; Textsorte).
- Wie hören Sie auf (Schluss)?
  - Mit einem Resümee?
  - Mit einer Einschätzung, inwieweit der Text es aufgrund Ihrer Erkenntnisse schafft, seine Funktion zu erfüllen? Mit einer Einschätzung relevanter Textqualitäten?
- Keine Geschmacksurteile („Gefällt mir gut!")!

**Schritt 5:** Formulieren und Aufschreiben:
- Formulieren Sie eigenständig.
- Zitieren Sie besonders wichtige Stellen aus der Textbeilage – aber Achtung: sparsam zitieren, Zitate kurz halten. Zitate dürfen das eigenständige Formulieren nur hin und wieder unterbrechen.
- Schreiben Sie sachlich, erklärend, nicht meinungsorientiert.
- Bezeichnen Sie analysierte Phänomene genau. Verwenden Sie fachsprachliche Begriffe.
- Was Sie behaupten, müssen Sie am Text belegen können (z. B. *„Das bevorzugte Stilmittel des Autors ist die rhetorische Frage, um den Text zu strukturieren, wie etwa ‚Wie ist das Problem zu lösen?', Z. 14 [weitere siehe Z. 28, 59, 63]"*). Arbeiten Sie mit Textverweisen (siehe Beispiel).

**Schritt 6:** Wörter zählen: Ist der Text zu kurz/zu lang? Je nachdem: kürzen oder ergänzen.

**Schritt 7:** Prüfen Sie: Haben Sie alle Arbeitsaufträge erfüllt?

**Schritt 8:** Ruhen lassen, später überarbeiten (z. B. bei der RDP/RP zuerst den anderen Text schreiben).

**Schritt 9:** Überarbeiten.

# 6  DIE TEXTINTERPRETATION

| TEXTINTERPRETATION | |
|---|---|
| **Definition:** | Eine Textinterpretation ist die Deutung eines **literarischen Textes**. Das geschieht auf der Grundlage einer Analyse des Texts (Untersuchung von Textmerkmalen). Es werden also zuerst – durch eine Analyse des Texts – Texteigenschaften geklärt, die in der Interpretation insbesondere durch die Zusammenhänge zwischen inhaltlichen, sprachlichen und formalen Gesichtspunkten erklärt werden. Das Ziel ist, das Textganze zu erklären und eigene Gedanken zu entwickeln, sodass dem Text Sinn und Bedeutung zugeschrieben werden.<br>**Die Textinterpretation wird im Präsens verfasst.** |
| **Anforderungen:** | Eine Textinterpretation erfordert Fachwissen, z. B. Kenntnis gattungsspezifischer Merkmale (z. B. bei Lyrik: Rhythmus, Reime, Klänge …), Kenntnis von Interpretationshypothesen, methodische Kenntnisse (wie geht man bei einer Interpretation vor?) sowie Kenntnis der Zitierregeln. |
| **Es geht darum, …** | • … einen Ausgangstext genau zu analysieren und<br>• … eine Interpretationshypothese und einen Interpretationsansatz zu wählen (leser/innenbezogen, soziologisch, psychologisch, intertextuell, historisch-biografisch, sprachorientiert), von dem ausgehend Sie eine stimmige (in sich widerspruchsfreie) und am Text belegbare Deutung des Textes geben.<br>**Achten Sie darauf, was die Arbeitsaufträge von Ihnen konkret verlangen.** |
| **Es geht NICHT darum, …** | • … die „einzig wahre" Deutung zu finden. Vermutungen, was „der Autor/die Autorin sagen wollte", sind sinnlos;<br>• … zu paraphrasieren (Wiedergeben des Texts in anderen Worten). |
| **Wichtige Schreibhandlungen (siehe S. 14)** | Zentrale Schreibhandlungen: Deskription, Explikation<br>Weitere Schreibhandlungen: Narration, Rekapitulation |
| **Stil/Ausdruck:** | Sachsprache, informativ darlegend, abstrahierend; Fachterminologie (z. B. „auktorialer Erzähler") |
| **Möglicher Aufbau:** | |
| Titel: | • Verwenden Sie einen sachlichen, aber zum Weiterlesen einladenden Titel. Ihr Titel könnte z. B. die Essenz Ihrer Interpretation formulieren. In einem Untertitel könnten Sie schreiben „Eine Interpretation von/des [Titel] von [Autor/in]". |
| Einleitung: | • Pflicht: Basisinformationen/Eckdaten (werden teilweise in der Aufgabenstellung vorgegeben sein): Verfasser/in, Titel, Gattung (epische/lyrische Form [z. B. Parabel, Sonett]), Genre, wo/wann erschienen etc.<br>• Eventuell Einordnung in eine kultur-/literaturhistorische Epoche<br>• Eventuell schon hier kurz (mit einem Satz) einen Interpretationsansatz beginnen, indem man eine Interpretationshypothese formuliert |
| Hauptteil: | • Textinterpretation auf der Grundlage der Textanalyse. Generell sind folgende Abschnitte denkbar:<br> – Thema, evtl. Motiv knapp beschreiben<br> – Interpretationshypothese<br> – Plot kurz zusammenfassen (sofern es einen Plot gibt), Darlegung der im Text dargestellten Situation<br> – Deutung auf der Grundlage der im Text dargestellten Welt: Zeit, Raum, Figuren<br> – Deutung auf der Grundlage der Analyse des Aufbaus des Texts bzw. von Strukturen (Strophen, Kapitel …)<br> – Deutung der Analyseergebnisse des Gattungsspezifischen (z. B. zur Ode, Kurzgeschichte)<br> – Deutung der Ergebnisse der Sprachanalyse (Wortwahl, Satzbau, Sprachebenen, Stilmittel und Bilder …) |
| Schluss: | • Als Endpunkt könnte eine begründete Bewertung des Textes stehen oder<br>• eine Beschreibung der Wirkung des Textes. |

*FORTSETZUNG →*

# Die Textsorten

| TEXTINTERPRETATION *(FORTSETZUNG)* | INFO-BOX |
|---|---|

| Situativer Kontext: | Ist nicht vorgegeben. Prüfungssituation = Kontext des Schreibens |
|---|---|
| Umfang: | 540 bis 660 Wörter; ein **Unter**schreiten des vorgegebenen Umfangs ist problematisch. |

| Bewertungskriterien: | |
|---|---|
| Inhalt: | • Analyse des Texts und Erschließung der Bedeutung bzw. mehrerer Bedeutungsebenen eines Textes:<br>  – Sachlich richtige Aussagen zur Analyse (Inhalt, Aufbau, Sprache)<br>  – Herausarbeitung der markanten Aspekte, Besonderheiten eines literarischen Textes<br>  – Analysebefunde, Behauptungen zum Text sind durch Zitate belegt; richtiges Zitieren<br>• Bewusst gewählte Interpretationshypothese: Wichtig sind dabei Zitate entscheidender Textstellen, die die Hypothese belegen.<br>• Widerspruchsfreie Interpretation auf Basis der Analyse, eigenständiges Denken über den Text hinaus, Sinnzusammenhänge werden hergestellt.<br>• Wissen zu historischen, kulturellen oder biografischen Kontexten und/oder zu intertextuellen Bezügen soll in die Deutung miteinbezogen werden. |
| Textstruktur: | • Einleitung: Eckdaten<br>• Hauptteil:<br>  – Knappe Rekapitulation des Plots, der dargestellten Situation; Thema<br>  – Verarbeitung der Analyseergebnisse<br>  – Entwicklung/Überprüfung einer Interpretationshypothese<br>  – Leser/innenfreundliche Verflechtung von Erklären und Belegen<br>• Schluss: Resümee der Interpretationsergebnisse |
| Stil/Ausdruck: | • Sachlicher, informierend-darlegender Stil, klar und nüchtern, abstrahierend, „wissenschaftlich"<br>• Eigenständige, vom interpretierten Text gelöste Formulierungen, keine Stilübernahme, klare Kennzeichnung von Zitaten<br>• Verwendung relevanter Fachtermini |
| Normative Sprachrichtigkeit: | „Sehr gut" wäre: weitestgehend frei von Rechtschreib-, Grammatik- und Zeichensetzungsfehlern;<br>„Genügend": deutlich erkennbare Anwendung der Regeln der deutschen Schreibung und Zeichensetzung, überwiegend grammatikalisch korrekt |

## TEXTINTERPRETATIONEN VERFASSEN

**Schritt 1:** Die Textbeilage(n) querlesen (überfliegen).
Klären: Um welche Gattung/literarische Form/welches Genre handelt es sich?

**Schritt 2:** Die zu interpretierende(n) Textbeilage(n) wiederholt lesen, dabei Randnotizen machen:
- Was fällt Ihnen beim ersten genauen Lesen auf?
- Was müssen Sie herausfinden? Notieren Sie Stichworte.

**Schritt 3:** Den eigenen Text planen.
- Führen Sie eine sorgfältige und umfassende Textanalyse durch.
- Wählen Sie einen Interpretationsansatz und eine Interpretationshypothese: leser/innenbezogen, soziologisch, psychologisch, intertextuell, historisch-biografisch, sprachorientiert, kommunikationstheoretisch.
- Entwickeln Sie Ihre persönliche Deutung:
  - Verbinden Sie die Ergebnisse der Textanalyse mit Ihren eigenen Gedanken, wobei Sie von der gewählten Interpretationshypothese ausgehen.
  - Skizzieren Sie den Gang Ihrer Deutung in Stichworten, bevor Sie mit dem Schreiben beginnen.
- Sie werden oft keine „Totalinterpretation" liefern müssen. Beachten Sie daher besonders die vorgegebenen Arbeitsaufträge, sie können Ihnen einen guten Zugang zum Text verschaffen und eine bestimmte Struktur (Absätze, Abschnitte) vorgeben oder nahelegen.
- Wie beginnen Sie?
  - Auf jeden Fall müssen Sie einleitend die Eckdaten/Basisinformationen anführen (Autor/in, Titel, Gattung, Genre, Thema, Erscheinungsort und -zeit [wenn möglich]).
- Wie hören Sie auf (Schluss)?
  - Mit einer abschließenden begründeten Wertung oder
  - mit einer Beschreibung der Wirkung des Textes oder
  - mit einem Resümee Ihrer Interpretation.
- Achtung: Keine Geschmacksurteile („Gefällt mir gut") fällen.

**Schritt 4:** Formulieren und Aufschreiben:
- Eigenständig formulieren, nicht den literarischen Text paraphrasieren.
- Sparsam zitieren, Zitate kennzeichnen
- Schreiben Sie prinzipiell sachlich, erklärend; lebendiger nur in den interpretatorischen Teilen.
- Was Sie behaupten, müssen Sie am Text belegen können, z. B. *Der Einleitungssatz lebt vom Stilmittel ‚Chiasmus': ...*
- Belegen Sie Ihre Interpretationshypothese am Text.
- Intertextualität bedenken:
  - Bezieht sich der Text auf andere Texte?
  - Gibt es Textsortenspezifisches, Typisches für die Gattung?
  - Welche Merkmale der Epoche, der der Autor/die Autorin zugerechnet wird, spielen eine Rolle? Wie steht der Text zu diesen Merkmalen?
  - Gibt es Anspielungen auf andere literarische Texte, Filme, Gemälde?

**Schritt 5:** Wörter zählen: Ist der Text zu kurz/zu lang? Je nachdem: kürzen oder ergänzen.

**Schritt 6:** Prüfen Sie: Haben Sie alle Arbeitsaufträge erfüllt?

**Schritt 7:** Ruhen lassen, später überarbeiten (z. B. bei der RDP/RP zuerst den anderen Text schreiben).

**Schritt 8:** Überarbeiten.

# 7 DIE ZUSAMMENFASSUNG

| ZUSAMMENFASSUNG | INFO-BOX |
|---|---|
| **Definition:** | Eine Zusammenfassung ist die Verkürzung einer (oder mehrerer) Textbeilage(n): Ihr Zweck ist die Wiedergabe wichtiger inhaltlicher Aussagen sowie die Analyse der logisch-sachlichen Struktur eines Textes. **Die Zusammenfassung wird im Präsens verfasst.** Eine Zusammenfassung enthält nie eine Bewertung oder eigene Stellungnahme, sondern beschränkt sich auf die Komprimierung einer Textquelle unter vorgegebenen Gesichtspunkten. In einer Zusammenfassung wird der Stil des Ausgangstexts nicht übernommen, sondern ein sachlich-referierender Stil gewählt. |
| **Anforderungen:** | Eine Zusammenfassung erfordert, inhaltlich Wichtiges von weniger Wichtigem zu unterscheiden. |
| **Es geht darum, …** | • … einen/mehrere Ausgangstext(e) so zusammenzufassen, dass alles Unwichtige weggelassen wird, den Lesern/Leserinnen aber der Inhalt des Textes (der Texte) vermittelt wird. Der Verfasser/Die Verfasserin muss also relevante von weniger relevanten Informationen unterscheiden.<br>• … dass Ihre Leser/innen erkennen, dass es sich nicht um Ihre eigenen Gedanken handelt,<br>• sondern dass Sie etwas referieren (= etwas wiedergeben, was andere geschrieben haben). Das muss mit Mitteln der Redewiedergabe (z. B. indirekte Rede, Redebericht) kenntlich gemacht werden.<br>**Achten Sie darauf, was die Arbeitsaufträge von Ihnen konkret verlangen.** |
| **Es geht NICHT darum, …** | • … Texte nur zu kürzen und dabei Wortwahl und Stil beizubehalten,<br>• … Texte zu kommentieren oder inhaltlich zu erweitern. |
| **Wichtige Schreib-handlungen (siehe S. 14)** | Zentrale Schreibhandlung: Rekapitulation<br>Weitere Schreibhandlungen: Deskription, Narration |
| **Stil/Ausdruck:** | Sachsprache, sachlich informierend, abstrahierend |
| **Möglicher Aufbau:** | |
| Titel: | • Formulieren Sie einen sachlichen Titel, aus dem hervorgeht, dass es sich um eine Zusammenfassung handelt. |
| Einleitung: | • Basisinformationen/Eckdaten (werden teilweise in der Aufgabenstellung vorge-geben sein): Titel, Verfasser/in, Textsorte, Quelle bzw. Medium, Erscheinungsort, -datum,<br>• dazu ein kurzer Satz, worum es in dem Text (den Texten) geht (Achtung: Thema, nicht Kurzinhalt). |
| Hauptteil: | Zusammenhängende Wiedergabe der Kernaussagen des Ausgangstextes/der Aus-gangstexte, wobei erkennbar ist, dass nicht eigene Gedanken dargelegt, sondern fremde Gedanken wiedergegeben werden. Der Schreiber/Die Schreiberin muss also eine distanzierte, neutrale Haltung dem Referierten gegenüber einnehmen. |
| Schluss: | Der Schluss entfällt normalerweise, ansonsten: Hinweise auf Besonderheiten des Texts. Keine Bewertungen und eigene Stellungnahmen, keine Geschmacksurteile. |
| **Situativer Kontext:** | Der Kontext des Schreibens wird in der Aufgabe angegeben. |
| **Umfang:** | 270 bis 330 Wörter; ein **Über**schreiten des vorgegebenen Umfangs ist problematisch. |

*FORTSETZUNG →*

## ZUSAMMENFASSUNG *(FORTSETZUNG)*  —  *INFO-BOX*

| **Bewertungskriterien:** | |
|---|---|
| Inhalt: | • Basisinformationen sind gegeben.<br>• Die Leser/innen verstehen, worum es in dem zusammengefassten Text geht, auch wenn sie den Ausgangstext nicht kennen (Eigenständigkeit der Zusammenfassung).<br>• Inhaltsgetreue Wiedergabe<br>• Irrelevante Details werden vermieden.<br>• Kein Kommentar, keine Interpretation, keine Paraphrasierung, keine inhaltlichen Ergänzungen |
| Textstruktur: | • Einleitung: Eckdaten mit Angabe des Themas<br>• Hauptteil: strukturierte und zusammenhängende Darstellung der Kernaussagen des referierten Texts; Gliederung nachvollziehbar |
| Stil/Ausdruck: | • Sachlicher, informierend-darlegender Stil<br>• Nähe/Distanz zur Textbeilage: eigenständige, von der Textbeilage gelöste Formulierungen, aber auch Übernahme fachsprachlicher Termini<br>• Verwendung verschiedener Mittel der Redewiedergabe wie indirekte Rede, Redebericht, Slipping, Quellenangabe<br>• Variantenreichtum in Wortwahl und Satzbau |
| Normative Sprachrichtigkeit: | „Sehr gut" wäre: weitestgehend frei von Rechtschreib-, Grammatik- und Zeichensetzungsfehlern;<br>„Genügend": deutlich erkennbare Anwendung der Regeln der deutschen Schreibung und Zeichensetzung, überwiegend grammatikalisch korrekt |

## ZUSAMMENFASSUNGEN SCHREIBEN *SO GEHT'S*

**Schritt 1:** Die Textbeilage(n) querlesen (überfliegen).
Orientierung: Um welche Textsorte und um welche kommunikative Situation handelt es sich?

**Schritt 2:** Die Textbeilage(n) genau lesen, Stichworte markieren, Randnotizen machen, Lesetechniken anwenden.

**Schritt 3:** Die Textbeilage(n) exzerpieren.

**Schritt 4:** Details, Beispiele bewusst aussparen, streichen.

**Schritt 5:** Den situativen Kontext prüfen:
- Für wen schreiben Sie?
- Was erwarten die Leser/innen von dieser Zusammenfassung?

**Schritt 6:** Den eigenen Text planen:
- Was verlangen die Arbeitsaufträge?
- Geben die Arbeitsaufträge eine bestimmte Struktur (Absätze, Abschnitte) vor?
- Legen Sie Ihr Schreibziel genau fest: Was möchten Sie mit Ihrer Zusammenfassung erreichen?
- Wie beginnen Sie (Einleitung)?
  Z. B. Eckdaten:
  *In dem Kommentar/Zeitungsbericht/Blog-Beitrag „Titel", von „Name", erschienen/veröffentlicht in „Name" am „Datum", geht es um .../erfährt man .../beschäftigt sich der Autor/die Autorin mit* (Thema präzise benennen).
- Wie hören Sie auf (Schluss)?
  Eine Zusammenfassung hat gewöhnlich keinen Schlussteil im eigentlichen Sinn.

**Schritt 7:** Formulieren und Aufschreiben:
- Ganz wichtig: Nicht den Fremdtext wörtlich oder paraphrasierend übernehmen, sondern eigenständig formulieren.
- Direkte Zitate nur in Ausnahmefällen verwenden. (So kurz wie möglich und nur dann, wenn Ihre Leser/innen eine besondere Formulierung im originalen Wortlaut kennen sollten.)
- Formulieren Sie auf der Grundlage Ihres Exzerpts. Legen Sie die Textbeilage zur Seite.
- Indirekte Rede bei Wiedergabe fremder Meinungen:
  *Der Autor/Die Autorin vertritt die Auffassung/deutet an/behauptet, dass er/sie/irgendetwas ... sei/habe/müsse/werde .../seien/würden/hätten ...*
  Aber:
  *Der Autor verweist darauf, dass nach wie vor die Erde um die Sonne kreist und nicht umgekehrt.* (Tatsache, daher Indikativ!)
- Weitere Mittel der Redewiedergabe zum Referieren verwenden:
  - Redebericht, z. B. *Der Verfasser lehnt diese Haltung ab.*
  - Slipping, z. B. *Der Verfasser lehnt das als „kompletten Unsinn" ab.*
  - Quellenangabe, z. B. *Dem Verfasser zufolge ...*

**Schritt 8:** Wörter zählen: Ist der Text zu kurz/zu lang? Je nachdem: kürzen oder ergänzen.

**Schritt 9:** Prüfen Sie: Haben Sie alle Arbeitsaufträge erfüllt? Entspricht Ihr Text der vorgegebenen Situation?

**Schritt 10:** Überarbeiten. Prüfen Sie insbesondere:
- Ist immer klar, dass Sie fremde Aussagen wiedergeben?
- Haben Sie sich auf das inhaltlich Wesentliche beschränkt?

## 1 VORÜBUNGEN

### MODUL 1: FEHLERKORREKTUR

**EIGENE TEXTE KORRIGIEREN**     *SO GEHT'S*

**Schritt 1:** Beim Schreiben auf dem PC/mit Word:
Kontrollieren Sie die automatische Silbentrennung oder schalten Sie diese aus (das Programm trennt ab und zu falsch). Prüfen Sie farbig unterwellte Bereiche.

**Schritt 2:** Korrigieren Sie zuerst diejenigen Stellen in Ihrem Text, an denen Sie Farbmarkierungen, Kreuzchen o. Ä. angebracht haben (das sollten Sie beim Schreiben machen, wenn Sie unsicher sind, wie man ein Wort schreibt/ob man ein Komma setzt etc.).

**Schritt 3:** Prüfen Sie Ihren Text systematisch, indem Sie ihn von hinten nach vorne lesen – je nachdem, nach welchem Fehlertyp Sie suchen: Wort für Wort oder Satz für Satz.

- **„Typische Fehler"**: Meist kennen Sie Ihre typischen Fehler. Überprüfen Sie Ihre Arbeit speziell daraufhin. Verwenden Sie dazu evtl. die Suchfunktion in Word, z. B. *„das/dass"-Fehler: Alle „das" suchen und überprüfen, dann alle „dass". Wenden Sie Proben an: Mundartprobe ([de(i)s] = „das", [das(s)] = „dass"), Ersatzprobe („das" = „dies", „dieses", „welches").*

- **Groß-/Kleinschreibung:** Wort für Wort von hinten nach vorne lesen
  - **Regeln anwenden:** Wenn etwas großgeschrieben ist, muss das mit einer Regel begründet werden können. Die wichtigsten sind: Satzanfänge, Nomen, Nominalisierung, Namen, Titel von Büchern/Filmen/Zeitungen etc.
  - **Ersatzprobe:** Wenn Sie ein Nomen einsetzen können, ist mit hoher Wahrscheinlichkeit großzuschreiben, z. B.:
  *Es fehlt ihnen am n/Nötigsten (?).* ➔ *Es fehlt ihnen am Willen/Vermögen.*
  *Er muss sich der Verantwortung stellen, obwohl a/Abtauchen (?) einfacher wäre.* ➔ *..., obwohl Flucht/Gras/Wasser ... einfacher wäre.*

- **Getrennt- und Zusammenschreibung:** Satz für Satz lesen
  - **Überprüfen Sie aufeinanderfolgende Nomen.** Sie könnten ein zusammengesetztes Nomen bilden, z. B. ~~Ausgleichs Zahlung~~ – *Ausgleichszahlung*, ~~Alkohol Konsum~~ – *Alkoholkonsum.*
  - **Überprüfen Sie Partikel + Verb.** Wenn die Hauptbetonung auf der Partikel liegt, müssen Sie zusammenschreiben: *zusammenarbeiten – zusammen arbeiten; weiterhelfen – weiter helfen*
  - **Überprüfen Sie Nomen + Verb/Adjektiv + Verb:** Wenn eine Nominalisierung vorliegt, müssen Sie zusammenschreiben, z. B.
  *Viele spielen in ihrer Freizeit Computer. – Ein sehr hohes Suchtpotenzial birgt ~~Computer spielen~~/Computerspielen.*
  *... weil sie im Ortsgebiet zu schnell fahren. – Vielen gilt ~~schnell fahren/schnell Fahren~~/Schnellfahren als Kavaliersdelikt.*

- **Grammatik:** Satz für Satz lesen.
  - **Kasus** überprüfen, z. B. *innerhalb ~~diesem Bereich~~/dieses Bereiches*
  - **Tempora** überprüfen, z. B.: *Allmählich nimmt diese Einstellung Ausmaße an, die man bisher nicht gekannt ~~hatte~~/hat.*
  - **Kongruenz** überprüfen, z. B. *... mit dem Aufruf des Menschenrechtsaktivisten, ~~einem weithin bekannten Mann~~/eines weithin bekannten Mannes, ...*
  - **Satzbau** überprüfen, z. B. *..., weil diese Maßnahmen ~~wird~~ kaum Wirkung zeigen/ ... kaum Wirkung zeigen wird.*
  - Machen Sie sich **typische eigene Grammatikfehler** bewusst.

*FORTSETZUNG →*

- **Kommas:** Satz für Satz lesen.
  - Die häufigsten ...
    ... fehlenden Kommas sind:
    Komma zwischen Haupt- und Nebensatz (auch schließende Kommas beachten!).
    ... überflüssigen Kommas sind:
    Kommas zwischen Satzgliedern, v. a. nach dem ersten Satzglied,
    z. B. *Bei dem immer wieder und mit Vehemenz vorgebrachten Vorwurf* [hier kein Komma!]
    *war es schwer, darauf nicht zu reagieren.*
  - Wenn Sie üblicherweise zu viele Kommas setzen: Begründen Sie jedes Komma mit einer Regel.

**Generell:** Machen Sie sich die Mühe, Ihren Text **wiederholt von hinten nach vorne** zu lesen. Suchen Sie dabei immer nach nur einem oder höchstens zwei Fehlertypen.

## 1.1

Legen Sie sich eine Fehlerkartei nach dem unten angeführten Beispiel an.

- Verwenden Sie als „Karteikarte" für jeden Fehlertyp ein A4-Blatt.
- Verzeichnen Sie in Ihrer Fehlerkartei alle Fehler, die Sie in der letzten Schulstufe machen. Verwenden Sie dazu alle Texte, die Ihr Lehrer/Ihre Lehrerin oder jemand anderer angesehen hat.
  Verzeichnen Sie Fehler nur in korrigierter Form (siehe unten, linke Spalte).
- Führen Sie Ihre Fehlerkartei im Abschlussjahr konsequent. Es geht darum, dass Sie bei der Klausurarbeit in Deutsch Ihre typischen Fehler nicht mehr machen.
- Verwenden Sie Ihre Fehlerkartei als Checkliste, wenn Sie eigene Texte überarbeiten.
- Gehen Sie Ihre Fehlerkartei immer wieder durch, besonders vor Schularbeiten und vor der Klausurarbeit.

| Korrigierter Fehler/Satz | Regel oder Probe (alles, was hilft, den Fehler zu vermeiden) | Analogiebeispiele |
|---|---|---|
| Alles, was man dazu wissen muss, ist in diesem Lexikon zu finden. | Eingefügte Nebensätze werden durch paarige Kommas vom HS abgetrennt. | Nichts, was ich gefunden habe, war zu brauchen. Jeder, der da war, wusste das. |
| Es gibt kaum etwas so Wichtiges wie genaues Zuhören. | Adjektive werden nach Wörtern wie *alles, viel, etwas, nichts, wenig, nur, genug* u. Ä. großgeschrieben. | Das ist etwas sehr Angenehmes. Das ist nichts Erfreuliches. Man soll nur Gutes tun. |

# MODUL 2: TEXTBAUSTEINE, SPRACHLICHE MITTEL UND KONNEKTOREN

Lesen Sie die folgenden Informationen und formulieren Sie je einen vollständigen Satz mit den Textbausteinen.

Greifen Sie auf diese sprachlichen Mittel in Modul 3 (Übungen zu den Operatoren) und beim Verfassen eigener Texte zurück.

**2.1**

| TEXTBAUSTEINE UND SPRACHLICHE MITTEL ZU OPERATOREN | *SO GEHT'S* |
|---|---|

Oft hat man einen Gedanken im Kopf, aber es fällt schwer, mit der Formulierung zu beginnen. Hier finden Sie einige Hilfen.

| Operatoren | Textbausteine/sprachliche Mittel |
|---|---|
| (be)nennen | Die wichtigsten ... sind ... • Dabei handelt es sich um ... • Folgende ... sind zu nennen: ... • XY geht auf folgende Themen ein: ... • Der Autor/Die Autorin nennt drei Gründe für ... |
| beschreiben wiedergeben | In seinem/ihrem Text zeigt der Autor/die Autorin, wie/dass ... • In dem Text ... von ... wird erklärt, ... • Der Autor/Die Autorin thematisiert die Frage nach ... Dabei ... |
| zusammenfassen | Insgesamt stellt sich der Sachverhalt/die Argumentation folgendermaßen dar: ... • Zusammengefasst heißt das: ...<br>**Verben des Sagens:** auffordern • begrüßen • behaupten • beschreiben • feststellen • fragen • raten • kritisieren • bemängeln • warnen • bezweifeln • monieren • einfordern • bekräftigen • erläutern • in Frage stellen • untermauern • verallgemeinern<br>**Quellenangabe:** laut • nach • gemäß • zufolge • in Anlehnung an<br>**Indirekte Rede (Konjunktiv)** |
| analysieren/ untersuchen | Der Text ist wie folgt strukturiert: Zuerst behauptet der Verfasser/die Verfasserin ... Danach wird eine Reihe von Argumenten angeführt, warum ... • Die Sprache des Textes ist gekennzeichnet von ... • Das auffallendste Merkmal des/der ... ist ... • XY ist durch eine Reihe von für ... typischen Merkmalen geprägt: Das sind erstens ..., zweitens ... • Im ersten Absatz lässt sich erkennen/ist erkennbar, dass ... |
| bestimmen/ einordnen/ zuordnen | XY gehört zu ..., während Z ... ist. • Dabei handelt es sich um ... • XY wird gemeinhin Z zugeordnet ... • XY ist ein/e Z, den/die man als AB bezeichnet. • XY kann man als Z bezeichnen. |
| charakterisieren | Was ist für XY besonders kennzeichnend? • XY hat verschiedene Charaktereigenschaften. Besonders betont wird sein/e ... • Der Verfasser/Die Verfasserin charakterisiert die/den typischen ... dadurch, dass er/sie ... • Die Figuren sind äußerlich kaum beschrieben, während ihre Charaktermerkmale deutlich hervortreten. • Diesen Typ/ Diese Figur macht besonders ein/e ... aus. • Eigentümlich für ihn/sie ist, dass ... |
| erklären | XY kann man auf Z zurückführen. • Die Ursachen für XY könnten in Z liegen. • Wie lässt sich XY erklären? • Worin liegen die Gründe/Ursachen für XY? • Der Hintergrund für XY ist in dem Umstand zu finden, dass ... • Fragt man nach der Motivation für XY, kann man an Z denken. • Vermutlich sind die Ursachen dafür mannigfaltig. Die wichtigsten sind wohl ... |
| erläutern | Damit ist gemeint, dass ... beispielsweise ... • Offenkundig soll damit XY erreicht/ angedeutet/vermieden werden. • Im Detail bedeutet das, dass ... • Mit anderen Worten: ... • Darunter ist XY zu verstehen, etwa wenn ... • Besonders anschaulich/ einsichtig/klar wird das, wenn man ...<br>**Illustrieren:** Beispielsweise ... • Das ist etwa an XY zu erkennen. • XY illustriert das sehr gut. |
| erschließen | Denkt man XY weiter, so ... • Gemeint ist damit ... • Dies führt zu/könnte zu ... führen |

*FORTSETZUNG →*

45

| TEXTBAUSTEINE UND SPRACHLICHE MITTEL ZU OPERATOREN *(FORTSETZUNG)* | *SO GEHT'S* |
|---|---|

| | |
|---|---|
| in Beziehung setzen<br><br>vergleichen/<br>einander gegenüber-<br>stellen | Vergleicht man XY mit Z, so ist zu erkennen, dass ... •<br>XY ist vergleichsweise ..., wenn man es in Beziehung zu<br>Z sieht. • Während einerseits XY ..., ist/hat andererseits<br>Z ... • Dem steht XY gegenüber, dass ... • Ein Vergleich<br>von XY mit Z macht deutlich, dass ... • Ebenso/ähnlich<br>wie XY ist/hat/bedeutet/meint/... Z, dass ... • XY ist/hat gleichermaßen wie ... |
| appellieren | Ich fordere XY also auf, ... • Der eindringliche Aufruf lautet also: ... • Folglich ist zu<br>fordern, dass ... • Zu verlangen/einzufordern ist daher ... • XY muss daher rasch um-<br>gesetzt werden. |
| begründen/<br>Gründe angeben | Dafür gibt es eine Reihe von Gründen. Der wichtigste ist ... • Denn schließlich ... •<br>Das gilt umso mehr/weniger, als ... • Die Gründe für XY sind offensichtlich, nämlich ...<br>• Wegen XY ... • Aufgrund dieser Umstände ... • XY ist ..., weil/da ... |
| beurteilen<br>bewerten | XY verlangt nach einem differenzierten Urteil. Einerseits ... Andererseits ... • XY muss<br>als äußert gelungen/relevant/bedenkenswert ... gelten, weil ... • Eine besondere<br>Stärke/Schwäche des/der/von XY ist ..., da ... • XY ist insgesamt positiv/negativ zu<br>bewerten/einzuschätzen. Denn ... • XY muss sehr kritisch betrachtet werden, weil ...<br>• Mit (äußerster) Vorsicht ist XY zu genießen/umzusetzen, weil ... • XY kann man nur<br>ablehnend/skeptisch/kritisch/misstrauisch/zweifelnd gegenüberstehen, da ... • XY<br>kann man uneingeschränkt zustimmen/billigen/gutheißen/begrüßen/befürworten ...<br>• Ein Urteil über XY muss differenziert/zwiespältig ausfallen. Denn einerseits ... ande-<br>rerseits ... • XY ist weder gut noch schlecht, sondern einfach unausgegoren. • Zwar<br>besteht/meint/bedeutet/hat XY ..., aber sein Wert besteht darin, dass ... |
| deuten/interpretieren | Eine Deutung dieses Textes erfolgt am besten nach einem soziologischen/psycho-<br>logischen ... Interpretationsansatz: ... • Der Satz „....“ lässt vermuten, dass ... • Die<br>Art und Weise, wie XY ..., legt den Schluss nahe, dass ... • Im ersten Abschnitt zeigt<br>der Autor/die Autorin ... • Damit hat der Autor/die Autorin deutlich gemacht ... • XY<br>bedeutet nichts anderes als ... • XY kann in zwei Richtungen interpretiert werden.<br>Einerseits ..., andererseits ... • Ohne die Vieldeutigkeit von XY zu reduzieren, ist darin<br>doch vor allem Z zu sehen. |
| diskutieren/<br>erörtern/sich<br>auseinandersetzen mit | Zwei Behauptungen/Thesen sind zu diskutieren: ... • XY kann aus recht unterschied-<br>lichen Perspektiven gesehen werden. • Wie stellt sich die Frage/das Problem/das<br>Dilemma aus der Sicht von XY dar? • Bei kritischer Prüfung zeigt sich, dass ... • Die-<br>ser Argumentation ist entgegenzuhalten, dass ... • Für/Gegen XY spricht, dass ... •<br>Keinesfalls übersehen darf man, dass ... |
| entwerfen | Ein Szenario für XY könnte also folgendermaßen aussehen: ... •<br>Das Konzept/der Plan/das Szenario müsste<br>jedenfalls XY beinhalten. • Zu denken wäre also/<br>daher an ... • Eine tragfähige Lösung sollte/<br>müsste/könnte XY einschließen/einbeziehen/<br>implizieren. • Will man das Problem nachhaltig<br>lösen, muss man ... |

*FORTSETZUNG* →

## TEXTBAUSTEINE UND SPRACHLICHE MITTEL ZU OPERATOREN *(FORTSETZUNG)* — *SO GEHT'S*

| | |
|---|---|
| kommentieren/ Stellung nehmen | **Behaupten:** Selbstverständlich/natürlich/gewiss/immerhin ist/hat/besteht ... • Kaum zu leugnen ist ...<br>**Begründen:** Ein wesentlicher Grund dafür ist ... • Eine Reihe von Gründen spricht dafür, dass ... • Das liegt darin begründet, dass ... • Das liegt allein wegen ... nahe.<br>**Einräumen:** Allerdings ist zu bedenken, dass ... • ... sollte man insofern bedenken, als ... • Zugegebenermaßen ist das nicht die ganze Wahrheit. Denn ... • Dieser Einwand ist durchaus berechtigt.<br>**Widersprechen:** Ganz im Gegenteil: ... • ... ist entschieden entgegenzutreten/zu widersprechen/zurückzuweisen<br>**Schlussfolgern:** Das kann nichts anderes heißen als ... • Folglich ... • Daraus ergibt sich ... |
| (über)prüfen | Bei genauer Prüfung zeigt sich, dass ... • XY hält einer Konfrontation mit Z (nicht) stand. Denn ... • Gemessen an XY ist Z als (wenig) zielführend/sinnvoll/bedenkenswert einzuschätzen. Denn ... |
| vorschlagen/ Vorschläge machen | Wegen XY/Angesichts dieser Umstände kann man anregen, ... • Man kann in diesem Fall XY nahelegen/ans Herz legen ... • Der Vorschlag lautet: ... • In dieser Situation liegt es nahe, XY zu machen. |

## BAUSTEINE ZUM VERBINDEN EINZELNER GEDANKEN UND ABSCHNITTE — *SO GEHT'S*

### Anreihende Überleitungen:

Zuerst • An erster Stelle • Zunächst • Weiters/Des Weiteren/Ferner/ Außerdem/Darüber hinaus/Ebenso ist zu beachten ... • Es muss auch bedacht werden, dass ... • Ein weiterer Gesichtspunkt ist ...

### Überleitungen, die Gegensätze ausdrücken:

Doch nicht nur ..., sondern auch ... • Einerseits ..., andererseits ... • Dem gegenüber ist/hat/kann aber ... • Nicht zu übersehen ist jedoch ... • Wie ist jedoch ... zu bewerten? • Trotz all dieser Fakten darf nicht vernachlässigt werden, dass ... • Das ist zwar ..., aber ...

### Überleitungen, die den Abschluss signalisieren:

Schließlich/Zu guter Letzt/Im Übrigen ... sei daran erinnert/sei genannt/sollte erwähnt werden/ist anzuführen, dass ...

### Konjunktionen

Um Ihre Gedanken sprachlich optimal zu verknüpfen, brauchen Sie Konjunktionen: Diese verbinden Wörter, Wortgruppen und Sätze. Konjunktionen können verschiedenste Verhältnisse zwischen Gedanken herstellen.

| Bedeutung | Beispiele |
|---|---|
| zeitlich | wenn, während, als, wie, indem, indessen, solange, sooft, bis, ehe, sobald, bevor, seitdem, nachdem |
| anreihend | und, wie, sowie, sowohl – als auch, nicht nur – sondern auch, weder – noch |
| Absicht oder Zweck angebend | um – zu, damit, auf dass |
| ausschließend/zur Wahl stellend | oder, entweder – oder, sonst, beziehungsweise |
| bedingend | wenn, falls, sofern, soweit, solange |
| begründend | denn, da, weil, zumal |
| einräumend | obwohl, obgleich, obschon, obzwar, wenngleich, wenn auch, wiewohl, ungeachtet, selbst/auch (dann) wenn, wie/so sehr auch |
| einschränkend | allein, nur, jedoch, sofern, insofern – als, soweit, insoweit, außer, außer dass, außer wenn, nur dass, (in)sofern, es sei denn |
| entgegensetzend | aber, sondern, doch, wohingegen, während, jedoch, nur dass, (an)statt dass, (an)statt zu, allein, vielmehr |

*FORTSETZUNG →*

**BAUSTEINE ZUM VERBINDEN EINZELNER GEDANKEN UND ABSCHNITTE** *(FORTSETZUNG)* **SO GEHT'S**

| | |
|---|---|
| erklärend | insofern (als), das heißt |
| Folge kennzeichnend | so dass, als dass |
| gleichbleibendes Verhältnis kennzeichnend | je – desto/umso |
| Umstände oder Mittel angebend | ohne – zu, anstatt – zu, indem, ohne dass, anstatt dass, dadurch – dass |
| vergleichend | wie, als, als ob, als wenn, wie wenn, ebenso |

## Konjunktionaladverbien

... haben eine ähnliche Funktion wie Konjunktionen, sind aber Adverbien: Sie verbinden Sätze inhaltlich miteinander. Sie beziehen sich immer auf den gesamten vorangehenden Satz oder Teilsatz.

| Bedeutung | Beispiele |
|---|---|
| anreihend | außerdem, zudem, dazu, daneben, darüber hinaus, desgleichen, ebenso, ferner, weiter, zusätzlich |
| örtlich | daneben, darüber, darunter, dazwischen |
| zeitlich | davor, währenddessen, danach, anschließend |
| entgegensetzend | hingegen, dagegen, jedoch, doch, dennoch, indes/indessen, allerdings, nur, vielmehr, demgegenüber, stattdessen, einerseits – andererseits |
| bedingend und Folge kennzeichnend | notfalls, sonst/ansonsten, andernfalls, gegebenenfalls, so, dann |
| folgernd | folglich, demzufolge, demnach, damit, somit, mithin, also, deswegen, deshalb, daher |
| begründend | nämlich |
| einschränkend | insofern, so weit, freilich, allerdings |
| einräumend | obwohl, trotzdem, dennoch, dessen ungeachtet, gleichwohl, immerhin, allerdings, nichtsdestotrotz, nichtsdestoweniger |

# MODUL 3: ÜBUNGEN ZU DEN OPERATOREN

Lesen Sie die folgenden kurzen Erklärungen der einzelnen Operatoren. Greifen Sie auf diese Erklärungen zurück, wenn Sie die folgenden Aufgaben lösen. Zur Rolle von Operatoren in den Aufgaben der RDP/RP vgl. Abschnitt 1 (Seite 10).

**3.1**

## OPERATOREN — *INFO-BOX*

- **Ebene der Reproduktion.** Das heißt, Sie müssen das Geforderte (Inhaltsdimension) aus der Textbeilage wiedergeben und dürfen keine eigenen Gedanken hinzufügen:
  - **Benennen:** Sie müssen das Geforderte aus der Textbeilage entnehmen und nach Bedeutung bzw. Relevanz auflisten.
  - **Beschreiben:** Sie müssen Sachverhalte, Situationen etc. aus der Textbeilage entnehmen und sachlich darlegen.
  - **Wiedergeben:** Sie müssen das Geforderte, das in der Textbeilage dargestellt wird, in eigenen Worten sachlich darlegen.
  - **Zusammenfassen:** Sie müssen das Geforderte aus der Textbeilage entnehmen, verdichten und strukturiert darstellen, und zwar mit einer angemessenen Fachsprache und in einer sinnvollen Reihenfolge.
- **Ebene der Reorganisation und des Transfers.** Das heißt, Sie müssen aus der Textbeilage Erschlossenes auf andere Gesichtspunkte anwenden, also eigene Gedanken einbringen.
  - **Analysieren/untersuchen:** Sie müssen das Geforderte herausarbeiten. Dazu ziehen Sie gezielt Fragestellungen bzw. passende Kriterien heran.
  - **Bestimmen/einordnen/zuordnen:** Sie müssen das Geforderte einer bestimmten Kategorie oder einem Aspekt zuweisen, wobei Sie diese Zuweisung nachvollziehbar und fachsprachlich angemessen begründen.
  - **Charakterisieren:** Sie müssen herausarbeiten, welche Eigenarten Figuren oder Sachverhalte kennzeichnen.
  - **Darstellen:** Sie müssen etwas Bestimmtes aufzeigen bzw. aufzeigen, wie etwas zusammenhängt.
  - **Erklären:** Sie müssen Verhaltensweisen, Sachverhalte etc. auf Ursachen zurückführen und diese auf der Grundlage Ihrer Kenntnisse und Einsichten verständlich und differenziert darlegen.
  - **Erläutern:** Sie müssen komplexe Sachverhalte durch zusätzliche Informationen und Beispiele veranschaulichen bzw. verdeutlichen.
  - **Erschließen:** Sie müssen etwas, was in der Textbeilage nicht explizit formuliert ist, ermitteln und darlegen.
  - **In Beziehung setzen:** Sie müssen Zusammenhänge herstellen. Dazu verwenden Sie vorgegebene oder selbst gewählte Gesichtspunkte.
  - **Vergleichen/einander gegenüberstellen:** Sie müssen Gemeinsamkeiten, Unterschiede etc. herausfinden und gegeneinander abwägen, und zwar unter vorgegebenen oder selbst gewählten Gesichtspunkten.
- **Ebene der Reflexion und Problemlösung.** Das heißt, Sie müssen auf der Grundlage von gewonnenen Erkenntnissen und mit geeigneten Methoden etwas Eigenständiges entwickeln, z. B. Bewertungen, Deutungen, Folgerungen.
  - **Appellieren:** Sie müssen eine oder mehrere Personen auffordern, etwas Bestimmtes zu tun bzw. zu unterlassen. Ihr Anliegen muss begründet sein.
  - **Begründen/Gründe angeben:** Sie müssen ein Urteil, eine Aussage etc. absichern, indem Sie Argumente, Belege und Beispiele liefern.
  - **Beurteilen:** Sie müssen in Bezug auf einen Sachverhalt, einen Text etc. zu einem eigenständigen Urteil gelangen und dieses Urteil mit Argumenten absichern.
  - **Bewerten:** Sie müssen – wie beim Beurteilen – zu einem eigenständigen Urteil gelangen, dabei aber auch Ihre – wohlbegründeten – Bewertungskriterien offenlegen.
  - **Deuten/interpretieren:** Sie müssen die Ergebnisse einer Analyse so verarbeiten und darstellen, dass Sie damit in sich schlüssige Sinnzusammenhänge herstellen. Bei literarischen Werken müssen Sie das Zusammenspiel von Inhalt, Form und Sprache miteinbeziehen.
  - **Diskutieren/erörtern/sich auseinandersetzen mit ...:** Sie müssen eine These oder Problemstellung formulieren und danach prüfen, indem Sie Pro und Kontra abwägen und argumentierend zu einer Schlussfolgerung bzw. eigenen Position gelangen, die widerspruchsfrei ist.

*FORTSETZUNG →*

– **Entwerfen:** Sie müssen in groben Zügen darstellen, wie Sie sich etwas Bestimmtes vorstellen, etwa ein Konzept, ein Szenario, einen Plan.
– **Kommentieren/Stellung nehmen:** Sie müssen darlegen, wie Sie einen Sachverhalt, ein Problem etc. einschätzen, nachdem Sie ihn/es kritisch geprüft haben.
– **(Über-)prüfen:** Sie müssen kritisch hinterfragen und einschätzen, ob eine These, eine Aussage, eine Argumentation etc. angemessen bzw. gültig ist. Bei dieser Einschätzung wenden Sie relevante Kriterien an – und Sie begründen Ihre Einschätzung.
– **Vorschlagen/Vorschläge machen:** Sie müssen Möglichkeiten darlegen, wie man mit einem Problem umgehen oder in einer bestimmten Situation vorgehen kann.

**OPERATOREN – UMFANG** **SO GEHT'S**

Beachten Sie:
Der **Umfang der Lösungen** kann bei den einzelnen Operatoren sehr unterschiedlich sein. So wird etwa
- „(be)nennen" eine Lösung ergeben, die aus einigen Wörtern oder Wortgruppen besteht, während sich
- „diskutieren" über mehrere Absätze erstrecken wird,
- „appellieren" sich dagegen auf einen Absatz beschränken kann.

**3.2** Lesen Sie Text 1. Bearbeiten Sie danach die darunter angeführten Aufgaben.

**Text 1** *(in originaler Schreibung):*

## Was ist ein Skandal und was ist normal?

„Skandal Normal?"[1] zeigt Kunst im Zerrbild digitaler Erregungsöffentlichkeiten und untersucht die Möglichkeiten und Ambivalenzen bildender Kunst im Medienzeitalter. Die Ausstellung bietet einen unverhüllten Blick auf die sinnliche Wirkung umstrittener Kunstwerke – und seziert Gründe für Erregung als Spiegel einer Gesellschaft zwischen Stammtisch und Kunstsystem. [...]

**Gesellschaft in medialer Geiselhaft**
KünstlerInnen reagieren auf die Bedingungen der Massenmedien des 21. Jahrhunderts: Durch subversive Nutzung, aber auch durch Anpassung an die Zwänge
5 des Mediensystems werden Anliegen von KünstlerInnen in die Medienmaschinerie eingeschleust. Prominenz und Schönheit befriedigen die Schaulust genauso wie Schock und Provokation.
In den Netzwerken der „sozialen" Medien wird der
10 Zwang zum Gleichklang in den Filter-Bubbles der Communities noch verschärft. Das geteilte Dislike wird zum Zeigefinger, der auf den Tabubruch weist: Der Facebook-Daumen wird zum Mittelfinger. Schundblatt und Shitstorm skandieren gemeinsam „Skandaaal!"

15 **Verhüllungen**
Frechheit, Tierquälerei, Blasphemie, Verschandelung!
Aber auch: Voyeurismus!
Kein Skandal ohne Publikum!
Die voyeuristische Freude am Skandal und die Lust an
20 der erregten Debatte bietet durchaus die Möglichkeit für individuellen Erkenntnisgewinn: Die über Medien und am Stammtisch geführten hitzigen Diskussionen über Provokationen durch Kunst zwingen eine Gesellschaft ihre Werte neu zu verhandeln. Die Gründe für Aufregung

über Kunst sind vielfältig und überlagern häufig den 25 Blick auf die vielschichtigen Inhalte von Kunst, die sich oft erst in einer vertiefenden, persönlichen Auseinandersetzung entfalten.
Im „Verhüllungsraum" können umstrittene Kunstwerke hinter dem „Schleier" der sie begleitenden Skandale 30 betrachtet werden. Zugleich werden die verschiedenen Anlässe für öffentliche Empörung vorgestellt. Hinter den hier gezeigten historischen Debatten über religiöse und persönliche Gefühle, über politische Vergangenheit und Gegenwart, aber auch über die Grenzen von Forschung 35 und öffentlich gezeigter Sexualität verbirgt sich die Notwendigkeit, die persönlichen Überzeugungen von Schönheit und Anstand, aber auch von Toleranz ständig neu zu überprüfen.

**Multiplikatoren** 40
[...] Die ursprünglichen Hoffnungen, das neue Kommunikationsmedium Internet würde zur Stärkung gelebter Demokratie beitragen, wurden vorerst enttäuscht. Statt einen offenen Austausch unter vielen zu ermöglichen, hält die rasante Verbreitung ungeprüfter Fakten und 45 manipulierter Meinung das Internet als Kanal zur Verbreitung von Hass in Geiselhaft. Die sich im Gleichklang Empörenden formieren sich mittels Sharing schulter-

klopfend zum Lynchmob und haben wenig Interesse an Fakten – oder vielschichtigen Inhalten von Kunstwerken. Statt Differenzierung durch Diskussion dominiert die Zersplitterung in zerstrittene Parallel-Wirklichkeiten.

**Sex Sells**
Der Skandal kann auch gezielt als Marketinginstrument dienen, mit dessen Hilfe Kunstinstitutionen und KünstlerInnen Aufmerksamkeit für ihre Inhalte zu erzielen hoffen. Als zuverlässiges Mittel erweist sich die Zurschaustellung des nackten Körpers oder entblößter Körperteile. Der Boulevard freut sich über Bilder nackter Haut, die als Blickfang dienen und gegen deren Schamlosigkeit im Textbeitrag vortrefflich protestiert werden kann. Empörtes Übermalen, Verhüllen oder Zerstören der Darstellung entblößter Geschlechtsteile produziert weitere spektakuläre Bilder und garantiert anhaltende Berichterstattung im Boulevard.
Der Skandal wird normal. Die öffentliche Präsenz ungewohnter Körperbilder hat Gewöhnungseffekte zur Folge. [...]

*Quelle: Presseinformation des oö. Kulturquartiers, 1. Dez. 2016; https://www.ooekulturquartier.at/presse/ok-skandal-normal/ (7. Juni 2018).*

*¹ „Skandal Normal?" war der Titel einer Ausstellung im „Oberösterreichischen Kulturquartier".*

Bearbeiten Sie die folgenden Arbeitsaufträge **einzeln und unabhängig voneinander**. Es handelt sich um eine Übung zu Operatoren, nicht zu Textsorten. Sie brauchen aus den Arbeitsaufträgen keinen zusammenhängenden Text zu machen.

a) Fassen Sie die Kernaussagen von Text 1 knapp zusammen.
b) Geben Sie die im Text vertretene Sichtweise des Internets wieder.
c) Erschließen Sie die Rollen der Medien bei sogenannten Kunstskandalen.
d) Erläutern Sie die Rolle, die das Publikum bei Kunstskandalen spielt.
e) Erläutern Sie die Aussage „Der Skandal wird normal".

Lesen Sie Text 2. Bearbeiten Sie danach die darunter angeführten Aufgaben.

**3.3**

**Text 2** *(in originaler Schreibung):*

### Unzulässigkeit von parteipolitischer Werbung an Schulen¹

[...]
**Rundschreiben Nr. 13/2008**

1 An alle LSR/SSR für Wien²
Dem Bundesministerium für Unterricht, Kunst und Kultur wurde mitgeteilt, dass in Schulen immer wieder Werbematerial mit Parteilogo von politischen Parteien verteilt wird bzw. sich Personen des öffentlichen Lebens mit Kindern filmen oder fotografieren lassen, ohne Zustimmung der Eltern, aber offenbar mit Bewilligung der Schulleitung.
5 Es soll daher § 46 Abs. 3 des Schulunterrichtsgesetzes in Erinnerung gerufen werden und dazu Folgendes festgehalten werden:
Grundvoraussetzung für die Zulässigkeit von Werbung in Schulen ist die Gewähr, dass durch die Werbung die Erfüllung der Aufgaben der österreichischen Schule im Sinne des § 2 Schulorganisationsgesetz nicht beeinträchtigt wird. § 2 SchOG³ postuliert das Heranführen der Jugend zu selbständigem Urteil ebenso wie das Hinwirken auf eine
10 aufgeschlossene Haltung der jungen Menschen gegenüber dem politischen und weltanschaulichen Denken anderer Menschen. Um dies zu erreichen, ist es unabdingbar, den Jugendlichen ein ihrem jeweiligen Alter und Entwicklungsstand entsprechendes politisches Grundlagenwissen zu vermitteln. Dabei ist jedenfalls darauf zu achten, dass nicht parteipolitische Interessen in der Schule Platz greifen. Vielmehr ist sachlich, objektiv und pluralistisch über Politik, durchaus auch über Parteipolitik, zu informieren und darf keinesfalls der Eindruck entstehen, Parteipolitik werde –
15 durch Personen oder einschlägiges Werbematerial – in die Schule transportiert.
Die Entscheidung über die Zulässigkeit schulfremder Werbung obliegt dem Schulleiter bzw. der Schulleiterin. Dieser bzw. diese hat in einem ersten Schritt darüber zu befinden, ob Werbung im Sinne des § 46 SchUG⁴ vorliegt. Dabei sind die oben dargestellten Erwägungen zu beachten und ist zu bedenken, dass Werbung mehr ist als das bewusst wahrgenommene Propagieren eines Produktes oder einer Idee.
20 Der Besuch von Schulen durch Politiker oder Politikerinnen lässt jedenfalls – unabhängig vom deklarierten Grund dieses Besuches – eine zumindest latente Werbewirkung für die entsprechende politische Partei nicht ausschließen. Politiker und Politikerinnen sind Personen des öffentlichen Lebens und werden daher selbst bei Auftritten mit nicht politischen Inhalten als parteizugehörig wahrgenommen. Nicht zuletzt auf Grund des Bekanntheitsgrades von im öffentlichen Leben stehenden Personen greift die Werbeindustrie – unabhängig vom beworbenen Produkt – immer

25 wieder auf Persönlichkeiten mit hohem Bekanntheitsgrad wie Schauspieler, Politiker und andere der breiten Öffentlichkeit bekannte Menschen zurück. Eine getrennte und somit objektivierte Wahrnehmung der werbenden Person und der dahinterstehenden Rolle derselben durch den Konsumenten ist kaum vorstellbar.

Sofern Lehrer und Lehrerinnen im Rahmen ihrer eigenständigen und eigenverantwortlichen Gestaltung des Unterrichts (§ 17 SchUG) die Einbeziehung von außerschulischen Experten oder Expertinnen in den Unterricht in Erwä-
30 gung ziehen, ist ebenso darauf zu achten, dass im oben dargestellten Sinn von den konkreten Personen keinerlei Werbewirkung für eine politische Partei ausgeht.

Es darf ausdrücklich darauf hingewiesen werden, dass unzulässige Werbung im Sinne des § 46 Abs. 3 SchUG auch nicht mit „Zustimmung" der Schulbehörden erlaubt ist.

Wien, 7. Oktober 2008
35 [...]

*Quelle: https://www.bmb.gv.at/ministerium/rs/2008_13.html (11. Jänner 2018).*

*[1] Bei dem Text handelt es sich um ein sog. „Rundschreiben". Das ist ein Schreiben einer Behörde an ihr untergeordnete Dienststellen, in dem auf bestimmte rechtliche Sachverhalte hingewiesen wird und diese geklärt werden. Rundschreiben haben für untergeordnete Dienststellen verbindlichen Charakter.*

*[2] LSR/SSR – Landesschulrat (in allen Bundesländern außer in Wien), Stadtschulrat (in Wien); bis 2018, danach „Bildungsdirektion"*

*[3] SchOG = Schulorganisationsgesetz*

*[4] SchUG = Schulunterrichtsgesetz*

Bearbeiten Sie die folgenden Arbeitsaufträge **einzeln und unabhängig voneinander**. Es handelt sich um eine Übung zu Operatoren, nicht zu Textsorten. Sie brauchen aus den Arbeitsaufträgen keinen zusammenhängenden Text zu machen.

a) Benennen Sie jene Ereignisse und Situationen, die in dem Rundschreiben als problematisch eingestuft werden.

b) Geben Sie die Aussagen des Rundschreibens sehr knapp wieder.

c) Untersuchen Sie das Rundschreiben im Hinblick auf das darin vertretene Verständnis von „Werbung".

d) Setzen Sie die Kernaussagen des Rundschreibens in Beziehung zu der Tatsache, dass die Schule die Verpflichtung zur Vermittlung von politischer Bildung hat.

e) Diskutieren Sie, ob bzw. inwieweit Ziele der politischen Bildung an Schulen ohne parteipolitische Gesichtspunkte vermittelt werden können.

## 3.4 Lesen Sie Text 3. Bearbeiten Sie danach die darunter angeführten Aufgaben.

**Text 3** *(in originaler Schreibung):*

### Jan Wagner:[1] Giersch[2]

1 nicht zu unterschätzen: der giersch
  mit dem begehren schon im namen – darum
  die blüten, die so schwebend weiß sind, keusch
  wie ein tyrannentraum.

5 kehrt stets zurück wie eine alte schuld,
  schickt seine kassiber[3]
  durchs dunkel unterm rasen, unterm feld,
  bis irgendwo erneut ein weißes wieder-

  standsnest emporschießt. hinter der garage,
10 beim knirschenden kies, der kirsche: giersch
  als schäumen, als gischt, der ohne ein geräusch

  geschieht, bis hoch zum giebel kriecht, bis giersch
  schier überall sprießt, im ganzen garten giersch
  sich über giersch schiebt, ihn verschlingt mit nichts als giersch.

*Quelle: Jan Wagner: Regentonnenvariationen. Gedichte. Berlin: Hanser 2014.*

*[1] Jan Wagner – geb. 1971, deutscher Schriftsteller und Übersetzer; bedeutender deutscher Lyriker*

*[2] Giersch – Pflanze aus der Familie der Doldenblütler (siehe Foto); gilt als unverwüstlich und bei Gärtnern/Gärtnerinnen als Unkraut, das nur sehr schwer zu bekämpfen ist; andererseits auch Heilpflanze und Wildgemüse*

*[3] Kassiber, der – geheime schriftliche Mitteilung eines Häftlings*

Bearbeiten Sie die folgenden Arbeitsaufträge **einzeln und unabhängig voneinander**. Es handelt sich um eine Übung zu Operatoren, nicht zu Textsorten. Sie brauchen aus den Arbeitsaufträgen keinen zusammenhängenden Text zu machen.

a) Bestimmen Sie Strophen- und Gedichtform.
b) Untersuchen Sie die lautliche Gestalt des Gedichts.
c) Erschließen Sie Eigenschaften und Merkmale, die dem Giersch in dem Gedicht zugesprochen werden.
d) Deuten Sie das Gedicht im Hinblick auf den symbolischen Gehalt des Giersch.
e) Überprüfen Sie, ob bzw. inwiefern es sich bei Wagners Gedicht (auch) um einen politischen Text handeln kann.
f) Beurteilen Sie die Relevanz der folgenden Aussage über das Gedicht: „Als Leser/in wird man Zeuge/Zeugin, wie Jan Wagner augenzwinkernd die Ohnmacht des Menschen gegenüber der Natur vorführt."

---

Lesen Sie Text 4. Bearbeiten Sie danach die darunter angeführten Aufgaben. **3.5**

## Text 4 *(in originaler Schreibung):*

## Thomas Bernhard[1]: Der Vorzugsschüler

1 Der Vorzugsschüler, dessen Leben mehr Methode hat als das Leben der Erwachsenen, träumt, daß er eine Rechenaufgabe nicht lösen kann und die Lösung auch dann noch nicht gefunden hat, als der Lehrer die Schul-
5 aufgabe einverlangt. Der Lehrer stellt den Vorzugsschüler in der Klasse zur Rede und droht ihm, seine Eltern von dem Vorfall zu benachrichtigen. Die Mitschüler sind voll Schadenfreude und stoßen den Vorzugsschüler, der körperlich ein Schwächling ist, in einen Kanal, aus
10 dem er sich nur mit äußerster Anstrengung befreien kann. Am nächsten Tag getraut er sich gar nicht in die Schule hineinzugehen und bleibt zehn Minuten nach Schulbeginn unter dem Schultor stehen. Er macht kehrt und schwänzt. Er irrt in einem Park umher und wird dort plötzlich vom Schuldiener entdeckt, der den Vorfall in 15 der Direktion meldet. Jetzt erwacht der Vorzugsschüler aus seinem Traum. Er stürzt schwitzend und halbnackt in das Schlafzimmer seiner Eltern. Aber so tief und mit welchen Mitteln sie auch in ihn eindringen, er sagt ihnen nicht den Inhalt seines Traums. Er weigert sich immer 20 wieder, ihn zu erzählen.

*Quelle: Thomas Bernhard: Ereignisse. Berlin: Literarisches Colloquium 1969.*

[1] *Thomas Bernhard (1931 – 1989) ist ein bedeutender österreichischer Schriftsteller, bekannt v. a. durch seine Romane und Theaterstücke.*

---

Bearbeiten Sie die folgenden Arbeitsaufträge **einzeln und unabhängig voneinander**. Es handelt sich um eine Übung zu Operatoren, nicht zu Textsorten. Sie brauchen aus den Arbeitsaufträgen keinen zusammenhängenden Text zu machen.

a) Geben Sie das dargestellte Geschehen knapp wieder.
b) Analysieren Sie wesentliche sprachliche und erzählerische Mittel.
c) Untersuchen Sie das Verhalten des Lehrers und der Mitschüler.
d) Deuten Sie den Traum und das Verhalten des Vorzugsschülers.

---

Lesen Sie Text 5. Bearbeiten Sie danach die darunter angeführten Aufgaben. **3.6**

## Text 5 *(in originaler Schreibung):*

## Harald Martenstein[1]: Über den Reiz neuer Religionen

1 Was das viel diskutierte Verbot der Burka betrifft, bin ich hin- und hergerissen. Als Freiheitsapostel bin ich dafür, dass jede Person anziehen darf, was sie will, auch hässliche oder mittelalterliche Klamotten. Die Motive gehen
5 mich nichts an. Den sogenannten freien Willen gibt es übrigens in dieser totalen Totalität gar nicht, zu diesem Thema haben Naturwissenschaftler und Philosophen alles Nötige gesagt. Anderseits ... da hatte ich eine Idee. Bei uns in der Uckermark[2] gibt es die Kirche des Fliegenden Spaghettimonsters, die Gläubigen nennen sich 10 Pastafari. Nach deren Ansicht wurde, soweit ich weiß, die Welt von einer Nudel erschaffen. Ein bisschen phallisch wirkt dieser Glaube schon, anderseits ist er nicht allzu weit von den biologischen Fakten entfernt. An der Ortseinfahrt von Templin laden sie, genau wie die Katholischen und die Evangelischen, auf einem Schild zu 15

ihren Gottesdiensten ein. Das haben die juristisch durchgesetzt. Was Religionen betrifft, ist in einem freien Land vieles möglich.

20 Wie wäre es, wenn man eine Kirche gründet, in der es den Frauen vorgeschrieben wird, nur nackt in der Öffentlichkeit aufzutreten? Zu Hause dürfen sie etwas anziehen. Diese Kirche würde schnell wachsen, da bin ich sicher, weil es bei uns jede Menge Nudisten gibt, die

25 sofort begeistert eintreten werden. Auch Exhibitionistinnen bilden eine Zielgruppe. Feministinnen würden sofort „Sexismus" rufen, aber der Vorwurf wäre absurd. Sex spielt beim Nudismus keine Rolle. Diese Religion ist, im Gegenteil, sehr frauenfreundlich, denn die männlichen

30 Nudisten und Exhibitionisten müssen sich ja fluchend in Kleider zwängen. Nacktheit wäre ein weibliches Privileg, ein sichtbares Zeichen für den grenzenlosen Respekt, den diese Kirche dem Körper der Frau entgegenbringt. Auch die Sonne, das Meer und die Blumen sind nackt.

35 Gott hat alles nackt erschaffen, wo Gott in dieser Frage steht, dürfte folglich klar sein.
Der Winter ist ein Problem. Aber ich glaube, man könnte ein transparentes, wärmendes Ganzkörpergewand entwerfen, etwas Ähnliches wie den Burkini, nur mit der

40 entgegengesetzten Wirkung, alles bleibt sichtbar. Als Religionsnamen schlage ich, wegen der Sonne, Sonniten vor, oder Die Zeugen Evas, vielleicht geht auch Nuden. Die Toleranz der Gesellschaft würde diese Religionsgemeinschaft auf eine Probe stellen, es gäbe sofort wieder

45 eine Verbotsdebatte. Aber ich kann mir nicht vorstellen, dass es wirklich verboten wird, sofern die Gläubigen ihren Glauben überzeugend rüberbringen. Nacktheit ist in Deutschland weniger tabuisiert als in anderen Län-

dern, insofern wäre dieses Outfit von unseren Sitten und Gebräuchen nicht allzu weit entfernt. Natürlich würde 50 ein nacktes Gegenüber in der Konferenz oder im Aufzug erst mal befremdlich wirken, womöglich auch bedrohlich, aber daran gewöhnt man sich.
Deutschland würde wieder ein Stück bunter werden. Die Frage ist, ob eine Zeugin Evas, die Lehrerin ist oder Rich- 55 terin, ihren Glauben auch im Beruf leben darf. Juristisch wäre das hochinteressant, weil ein nackter Körper ja kein religiöses Symbol darstellt wie Kreuz oder Burka, er wird lediglich von dieser Kirche zu einem solchen erklärt. Da muss vieles erwogen und bedacht werden, zum Bei- 60 spiel, wenn in der Schulklasse viele Muslime sind oder wenn ein plötzlicher Kälteeinbruch kommt und sich die Frage stellt, ob man in der Firma eine nackte Kollegin aus gesundheitlichen Gründen zwangsbekleiden darf. Toleranz sollte aber auf keinen Fall eine Einbahnstraße 65 sein.

*Quelle: ZEITMAGAZIN, Nr. 38/2016.*

[1] *Harald Martenstein (geb. 1953) ist ein deutscher Journalist und Autor.*
[2] *Uckermark – Landkreis im Nordosten Deutschlands*

---

Bearbeiten Sie die folgenden Arbeitsaufträge **einzeln und unabhängig voneinander**. Es handelt sich um eine Übung zu Operatoren, nicht zu Textsorten. Sie brauchen aus den Arbeitsaufträgen keinen zusammenhängenden Text zu machen.

a) Geben Sie den Inhalt wieder (ca. 100 Wörter).
b) Analysieren Sie die Sprache des Texts.
c) Erklären Sie, wie in diesem Text Ironie zustande kommt.
d) Erschließen Sie die Kritik des Verfassers.
e) Nehmen Sie Stellung zur Kritik des Verfassers.
f) Bestimmen Sie das Thema des Texts.
g) Ordnen Sie das Thema des Texts in einen größeren Zusammenhang ein.

Lesen Sie Text 6. Bearbeiten Sie danach die darunter angeführten Aufgaben.

**3.7**

**Text 6:**

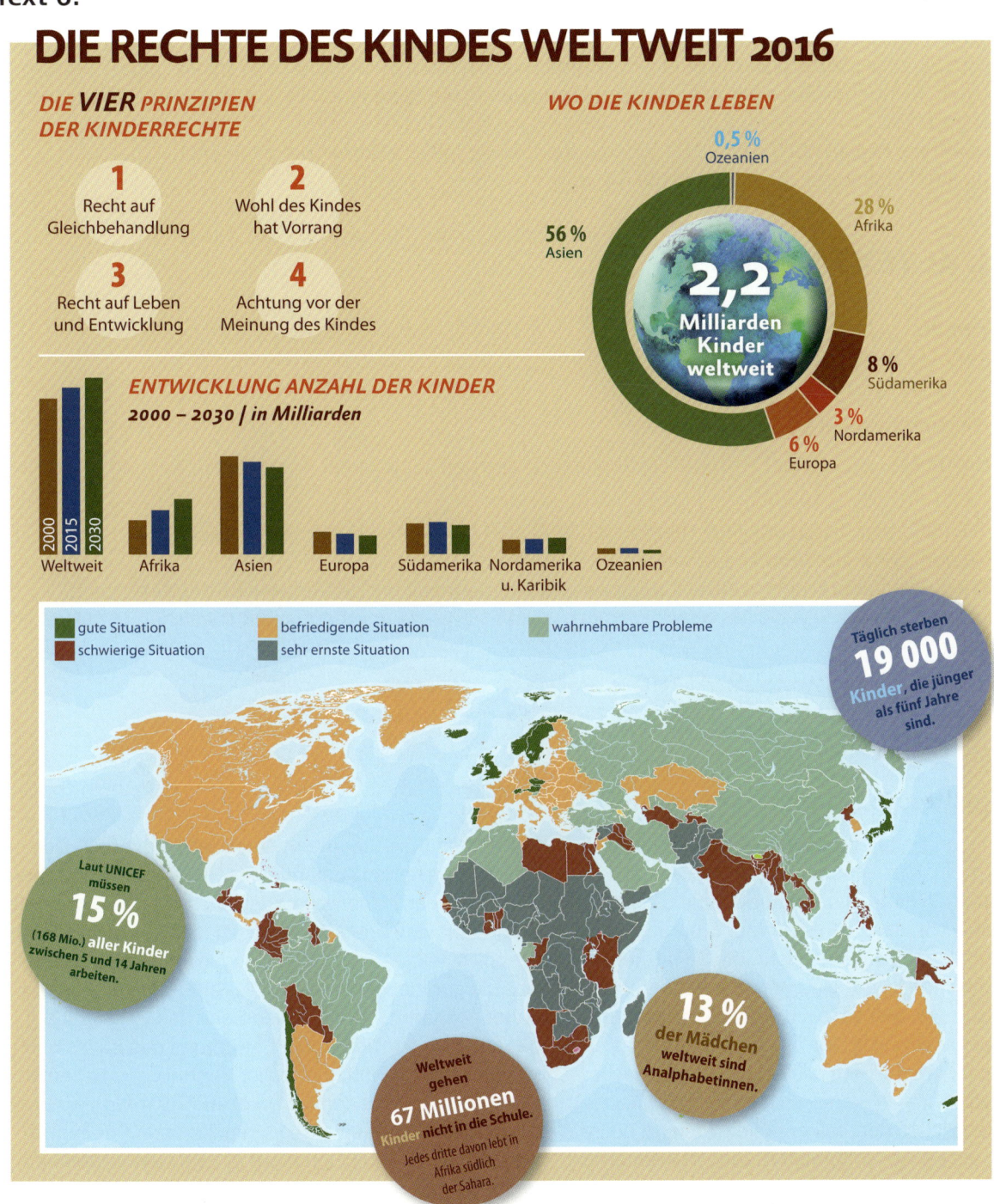

# DIE RECHTE DES KINDES WELTWEIT 2016

**DIE *VIER* PRINZIPIEN DER KINDERRECHTE**

**1** Recht auf Gleichbehandlung

**2** Wohl des Kindes hat Vorrang

**3** Recht auf Leben und Entwicklung

**4** Achtung vor der Meinung des Kindes

**ENTWICKLUNG ANZAHL DER KINDER**

*2000 – 2030 | in Milliarden*

2000 2015 2030

Weltweit · Afrika · Asien · Europa · Südamerika · Nordamerika u. Karibik · Ozeanien

**WO DIE KINDER LEBEN**

0,5 % Ozeanien
28 % Afrika
56 % Asien
**2,2 Milliarden Kinder weltweit**
8 % Südamerika
3 % Nordamerika
6 % Europa

■ gute Situation
■ schwierige Situation
■ befriedigende Situation
■ sehr ernste Situation
■ wahrnehmbare Probleme

Täglich sterben **19 000** Kinder, die jünger als fünf Jahre sind.

Laut UNICEF müssen **15 %** (168 Mio.) aller Kinder zwischen 5 und 14 Jahren arbeiten.

**13 %** der Mädchen weltweit sind Analphabetinnen.

Weltweit gehen **67 Millionen** Kinder nicht in die Schule. Jedes dritte davon lebt in Afrika südlich der Sahara.

*Datenquelle: https://derstandard.at/2000068045809/Daten (30. Okt. 2018).*

Bearbeiten Sie die folgenden Arbeitsaufträge **einzeln und unabhängig voneinander**. Es handelt sich um eine Übung zu Operatoren, nicht zu Textsorten. Sie brauchen aus den Arbeitsaufträgen keinen zusammenhängenden Text zu machen.

a) Geben Sie wieder, wie es global gesehen um Kinderrechte bestellt ist.
b) Nennen Sie die Eckpunkte, auf denen Kinderrechte beruhen.
c) Vergleichen Sie die Umsetzung von Kinderrechten in Europa mit jener auf anderen Kontinenten.
d) Beschreiben Sie die Entwicklung der Kinderzahl sowie die globale Verteilung von Kindern.
e) Entwerfen Sie einen Verhaltenskatalog für Menschen in Europa, wie sie die Umsetzung der Kinderrechte weltweit fördern können.

# 2 ÜBUNGEN ZU DEN SIEBEN TEXTSORTEN

**Generalauftrag für die Module 4 bis 12:**
In diesen Modulen finden Sie Arbeiten, die Schüler/innen der 12. und der 13. Schulstufe zu den jeweils angeführten Aufgaben verfasst haben.
1. Korrigieren Sie diese Texte in Bezug auf Rechtschreibung, Grammatik, Stil und Zeichensetzung.
2. Vergleichen Sie Ihre Korrektur mit den richtigen Lösungen. Diese kann Ihnen Ihr Lehrer/Ihre Lehrerin zur Verfügung stellen.
3. Nehmen Sie alle Fehler, die Sie nicht gefunden haben, sowie falsche Korrekturen, die Sie durchgeführt haben, in Ihre Fehlerkartei (siehe 1.1, Seite 44) auf.

## MODUL 4: TEXTANALYSE

**Thema: Fremde**
Zivilcourage

**Aufgabe 1**
**Verfassen Sie eine Textanalyse.**

Lesen Sie die Glosse „Sturm über Fritzens" (Textbeilage 1) aus den „Salzburger Nachrichten" vom 24. Oktober 2009.

Verfassen Sie dann eine Textanalyse und bearbeiten Sie dabei die folgenden **Arbeitsaufträge:**
• Geben Sie den Inhalt des Texts knapp wieder.
• Untersuchen Sie die Sprache des Texts sowie ihren Zusammenhang mit der Redeweise des Verfassers.
• Erläutern Sie detailliert, was der Verfasser kritisiert, welche Vorwürfe er erhebt und mit welchen Mitteln er das macht.

Schreiben Sie **405 bis 495 Wörter**. Markieren Sie Absätze durch Leerzeilen.

**Textbeilage 1:**

### Karl-Markus Gauß: Sturm über Fritzens

1 Unlängst hatte ich ein furchtbares Erlebnis. Ich fuhr mit dem Zug. Nein, jetzt kommt nicht die Klage, dass der Zug Verspätung hatte, daran habe ich mich schon gewöhnt. Auch nicht, dass der Schaffner unfreundlich 5 gewesen wäre, denn das war er nicht. Die Schaffner in den österreichischen Zügen sind vielmehr ausnehmend freundlich geworden, fast so, als wären sie fortwährend einer Beschwerde gewärtig, von der sie wissen, dass sie berechtigt ist, die aber einem Missstand gilt, den nicht 10 sie abschaffen können. Denn dass die Österreichischen Bundesbahnen sich in dem lamentablen Zustand befinden, der sich als starkes Argument für den Individualverkehr erweist, ist ja das Werk jener Sanierer, die sich zu sanieren pflegen, indem sie die ÖBB nach ein paar Jah- 15 ren allesamt in einem schlechteren Zustand verlassen, als sie sie vorgefunden haben.
Nein, mein Erlebnis war anderer Art. Ich saß im Zug und traute meinen Augen nicht: Im Großraum-Waggon befanden sich auf einmal lauter Ausländer! Gottseidank 20 war ich auf der Strecke Linz–Salzburg unterwegs. Denn in Tirol wäre die Situation wahrscheinlich eskaliert. Dort hatten unlängst gleich fünfzehn Ausländer in einem regionalen Zug Platz genommen. Sie hatten eine geradezu provozierend dunkle Hautfarbe und haben sich zusätz- 25 lich verdächtig gemacht, indem sie sich in einer fremd-

ländischen Sprache unterhielten. Jetzt fragt man sich natürlich: Was haben Ausländer in einem österreichischen Zug zu suchen? Und was haben sie sich, wenn ihnen der Zutritt dennoch erlaubt wurde, bei uns in ihrem schauerlichen Dialekt zu unterhalten, sodass man nicht versteht, 30 was sie gerade verabreden? Die Stimmung im Zug war daher gespannt. Auf der einen Seite das Gesindel, auf der anderen die Tiroler. Die Entführung des Zuges nach Plovdiv stand unmittelbar bevor. Gottseidank hat eine wehrhafte Tirolerin den Lokomotivführer informiert und 35 die Polizei verständigt. Die kam mit sieben Streifenwagen, sodass beiläufig einer auf je zwei Gewalttäter kam, und mit einer Hundestaffel, damit die erst gar nicht auf den Gedanken kamen, das Weite zu suchen. Und damit die Terroristen nicht womöglich das schmucke Bahnhofs- 40 gebäude in die Luft sprengten, wurde der Zug vor dem Bahnhof Fritzens angehalten, gestürmt und befreit. Große Erleichterung im Land Tirol. Dank an die Exekutive. Die Geretteten überreichen den Polizisten heimische Erfrischungen aus ihrem Jausenvorrat. Die amtliche 45 Untersuchung ergibt: Alle fünfzehn Reisenden waren EU-Bürger, die keines eigenen Visums seitens der Landesregierung bedürfen, um in Tirol mit dem Zug zu fahren. Sofern sie gültige Fahrscheine haben; und die hatten sie. Den Österreichischen Bundesbahnen und der Tiroler 50

Landespolizeidirektion war das Vorkommnis nicht etwa ein Anlass, vor xenophober Hysterie zu warnen. Nein, sie lobten ausdrücklich die Wachsamkeit der Reisenden, die den Einsatz ausgelöst hatte. Schon klar, wenn etwas
55 passiert, bei dem Zivilcourage gefragt ist, schauen lieber alle weg; aber wenn es darum geht, als fahrender Blockwart Ausschau nach fremdem Gelichter zu halten, dann pudeln sie sich auf und bekommen am Ende noch eine amtliche Belobigung.

*Quelle: Salzburger Nachrichten, 24. Oktober 2009.*

> **INFOBOX**
>
> **Karl-Markus Gauß:** österreichischer Schriftsteller und Kritiker sowie Herausgeber der Zeitschrift „Literatur und Kritik". Er erhielt zahlreiche Auszeichnungen, z. B. den österreichischen Staatspreis für Kulturpublizistik.
>
> **Plovdiv:** Stadt in Bulgarien

---

**Verfassen Sie einen Text entsprechend der RDP/RP-Aufgabe 4.**
Schreiben Sie in eigenen Worten, ohne allzu viel vom Schüler/innenbeispiel unten zu übernehmen. Am besten wäre, das Beispiel unten erst später zu lesen.

**4.1**

## Textanalyse (Schüler/innenarbeit):

*Textanalyse von „Sturm über Fritzens" von Karl-Markus Gauß*

*Das Thema „Zuwanderung" und die davon sich resultierenden Schwierigkeiten, sind immer wieder Anlass für Berichte, Leserbriefe oder Kolumnen in den Tageszeitungen. Auch die Salzburger Nachrichten widmeten am 24. Oktober 2009 diesem Thema einige Zeilen, geschrieben vom preisgekrönten Schriftsteller Karl-Markus Gauß.*

*„Unlängst hatte ich ein furchtbares Erlebnis", so beginnt Gauß Kolumne mit dem Titel Sturm über Fritzens. Man* 5
*möchte wissen, was dem Autor passiert ist, aber er beginnt, von einer harmlosen Zugfahrt zwischen Linz und Salzburg zu erzählen, bei der er den Waggon mit einer Gruppe Ausländern teilt. Er äußert sich erfreut nicht in Tirol gewesen zu sein, denn dort „wäre die Situation wahrscheinlich eskaliert" (Z. 21). Mit diesen Satz leitet Gauß zur Schilderung eines offenbar wahren Vorfalls über:*

*In einem Zug in Tirol befinden sich 15 Ausländer, die sich in ihrer Muttersprache unterhalten. Da eine Tirolerin* 10
*sich dadurch bedroht fühlt, informiert sie den Zugsführer und die Polizei. Tatsächlich wird der Zug noch vor dem Bahnhof Fritzens angehalten und gestürmt, doch stellt sich binnen kurzen heraus, dass es sich bei den Ausländern um ganz normale EU Bürger handelt.*

*Der Verfasser kritisiert anschließend das Verhalten der österreichischen Bundesbahnen und der Polizei schärfstens. Denn sie tadeln nicht das fremdenfeindliche Verhalten der Tirolerin, sondern diese wird amtlich gelobt! Karl* 15
*Markus Gauß betont, dass dieser Vorfall ein Anlass dafür hätte sein sollen, vor fremdenfeindlicher „Hysterie" (Z. 52) zu warnen.*

*Nur zu Beginn der Schilderung von dem Vorfall, ist nicht ganz klar, welche Haltung der Verfasser annimmt. Er spricht von einer „geradezu provozierend dunkle[n] Hautfarbe" (Z. 23 f.) der Ausländer, und fragt sich: „Was haben Ausländer in einem österreichischen Zug zu suchen?" (Z. 27 f.). Aber schnell wird klar, das das zur Ironie* 20
*gehört, mit der Gauß über den Vorfall schreibt. Oft wählt er Wörter, mit die er das Gegenteil davon ausdrückt, was er meint, z. B. wenn er die Ausländer als „Gesindel" (Z. 32) oder als „Terroristen" (Z. 40) bezeichnet, die einen „schauerlichen Dialekt" (Z. 29 f.) sprechen, oder dass die Tirolerin „gottseidank" (Z. 34) Alarm geschlagen hat. Er versetzt sich damit in die Gedankenwelt der Tiroler Reisenden. Auch führt er einige Fragen an, die sich die Einheimischen vielleicht stellen. Damit baut er Spannung auf, weil man natürlich Antworten erwartet.* 25

*Mit Ironie und treffenden Bildern (z. B. Entführung des Zugs „nach Plovdiv" (Z. 33 f.), „wehrhafte" Tirolerin (Z. 35), „schmucker" Bahnhof (Z. 40), spottet der Verfasser über das Verhalten der Tiroler. Das er sich von ihrer primitiven Denkweise distanziert, erkennt man an der Verwendung schwieriger Wörter (z. B. „lamentabel" (Z. 11), „xenophob" (Z. 52), „Gelichter" (Z. 57)); gleichzeitig kann er aber auch fast umgangssprachliche Begriffe gebrauchen (z. B. „aufpudeln" (Z. 58)).* 30

1

*Im letzten Satz spricht er nicht mehr ironisch sondern direkt aus, was er vom Verhalten der Frau und vieler anderer hält. Indem er sie als „Blockwarte" bezeichnet, wirft er ihnen vor, dass sie andere, wie Nazis, bespitzeln und vernadern. Er kritisiert nicht nur, dass ein unglaublicher Rassismus gegen alles nicht Deutsche in der Bevölkerung besteht, sondern dass dieser Rassismus von offizieller Seite auch noch gelobt wird, und dass Zivilcourage dann*
35 *nicht vorherrschend ist, wenn sie gefragt wäre.*

*(482 Wörter)*

**4.2** Folgen Sie dem Generalauftrag und korrigieren Sie den Schüler/innentext oben in Bezug auf Rechtschreibung, Grammatik und Zeichensetzung. Ausdrucksfehler sind grau markiert. Korrigieren Sie auch diese.

**4.3** **Analysieren und bewerten Sie die Schüler/innenarbeit nach folgenden Gesichtspunkten:**

A. **Inhalt:**
   a) Überprüfen Sie, ob die einzelnen Arbeitsaufträge tatsächlich bearbeitet worden sind. Geben Sie die Zeilen an, in denen die einzelnen Operatoren deutlich ersichtlich realisiert werden.
   b) Analysieren Sie, ob die einzelnen Arbeitsaufträge der Reihe nach abgearbeitet werden oder ob ihre Bearbeitung ineinanderfließt. Führen Sie Belege an.

B. **Textstruktur:**
   a) Ergibt sich ein Absatz aus dem anderen? Wenn ja: Welche inhaltlichen Zusammenhänge bestehen?
   b) Welche sprachlichen Mittel werden verwendet, um Zusammenhänge herzustellen?

C. **Stil/Ausdruck:**
   Die Textanalyse erfordert eine sachlich-beschreibende Sprache. Überprüfen Sie, inwiefern eine solche vorliegt. Führen Sie Belege an.

D. **Die Textsorte insgesamt:**
   a) In einer Textanalyse geht es darum, „einen Ausgangstext genau zu durchleuchten und unwiderlegbare Aussagen zu diesem Text zu treffen".
   • Beurteilen Sie, wie gut der Text „durchleuchtet" worden ist? Führen Sie Belege an.
   • Überprüfen Sie, ob die Aussagen „unwiderlegbar" sind.
   b) In einer Textanalyse darf weder interpretiert noch persönlich gedeutet werden. Wird dieser Forderung der Textsorte Rechnung getragen? Belegen Sie Ihre Ansicht.

Formulieren Sie den vierten und den fünften Absatz der Schüler/innenarbeit auf Seite 57 f. um, indem Sie alle Vollverben durch andere Verben ersetzen.

Schreiben Sie den sechsten Absatz der Schüler/innenarbeit neu, wobei Sie sprachliche Mittel, die in Textbeilage 1 verwendet werden, genauer untersuchen und exakt bezeichnen.

**Variation zur Aufgabe 1 (Thema und Textbeilage sind gleich):**

**Aufgabe: Verfassen Sie eine Erörterung.**

Lesen Sie die Glosse „Sturm über Fritzens" aus den „Salzburger Nachrichten" (Textbeilage 1).

Verfassen Sie dann eine Erörterung und bearbeiten Sie dabei die folgenden **Arbeitsaufträge**:
- Geben Sie die Kritik des Verfassers der Textbeilage wieder.
- Ordnen Sie das in der Textbeilage geschilderte Verhalten der Menschen in einen größeren Zusammenhang ein.
- Setzen Sie sich mit verschiedenen Haltungen Fremden gegenüber auseinander.

Schreiben Sie **540 bis 660 Wörter**. Markieren Sie Absätze durch Leerzeilen.

# MODUL 5: KOMMENTAR

**RDP/ RP 5**

**Thema: Literatur – Kunst – Kultur**
Kulturpolitik in Österreich

**Aufgabe 1**
**Verfassen Sie einen Kommentar.**

**Situation:** *Sie sind im Internet auf die Erklärung „Wert von Kunst und Kultur" gestoßen. Sie verlinken die Erklärung in Ihrem Blog und schreiben dazu einen Kommentar mit dem Titel „Was Kunst und Kultur wert sind".*

Lesen Sie die Erklärung „Wert von Kunst und Kultur" von der Website der „Tiroler Kulturinitiativen" (Textbeilage 1).

Verfassen Sie danach einen Kommentar. Bearbeiten Sie dabei die folgenden **Arbeitsaufträge**:
- Fassen Sie die wesentlichen Aussagen der Textbeilage sehr kurz zusammen.
- Beurteilen Sie die in der Textbeilage vertretenen Thesen.
- Nehmen Sie Stellung zum „Wert von Kunst und Kultur".

Schreiben Sie **540 bis 660 Wörter**. Markieren Sie Absätze durch Leerzeilen.

**Textbeilage 1** *(in originaler Schreibung):*

### Erklärung „Wert von Kunst und Kultur"

Nach der Pressemeldung des Kulturrats Österreich am 25. 10. 2017 bildete sich eine breite Allianz unter den Kulturschaffenden in Österreich. 229 Kunst- und Kultureinrichtungen aus allen Bundesländern haben eine gemeinsame Erklärung zum Wert von Kunst und Kultur unterzeichnet.

1 Darin heißt es u.a.:
*Kunst und Kultur haben im eben zu Ende gegangenen Wahlkampf so gut wie keine Rolle gespielt. [...]*
*Die Vielfalt des künstlerischen und kulturellen Lebens*
5 *wird durch ideelle Geringschätzung und weniger Geld gefährdet, ihre Bedeutung im öffentlichen Leben weiter ausgehöhlt. Diese Politik steht in krassem Gegensatz zu den Eigendefinitionen Österreichs als „Kulturnation". [...]*

**Nach der Wahl ist vor der Wahl**

10 Ganz gleich, wie die Regierungskonstellation letztlich aussieht: Kunst und Kultur müssen einen hohen Stellenwert im Regierungsprogramm bekommen – fordert der **Kulturrat Österreich** in seiner Pressemitteilung vom 25. 10. 2017.
15 Kultur als gesellschaftspolitisches Konzept für Auseinandersetzung und Verständigung, für die emanzipatorische Suche nach neuen Wegen ist tief in der Krise – nicht erst seit der Wahl und dem deutlichen Rechtsruck, den sie gebracht hat. Seit jeher klafft ein Abgrund zwischen
20 Repräsentationskultur und zeitgenössischem Schaffen. Der Kulturrat stellt sich auch in diesem neuen Umfeld, und jetzt mehr denn je, der Herausforderung, die Politik in die Pflicht zu nehmen. Themen, die seit langem auf Lösungen warten, gibt es genug: **Soziale Sicherheit für**
25 **Kunst-, Kultur- und Medienschaffende** sowie eine transparente, einer angemessenen Bezahlung verpflichtete **Kunst- und Kulturförderung** müssen endlich auf die Agenda einer modernen Kulturpolitik. Konkrete Vorschläge und Lösungsmöglichkeiten gibt es seit der letzten
30 großen Studie zur sozialen Lage von Kunstschaffenden 2008.

Umgesetzt wurde zaghaft und an keinem Punkt ausreichend. Zuletzt waren wir auf der Suche nach den kulturpolitischen Ansätzen der wahlwerbenden Parteien. „Wie hältst du's mit der Kultur" lautete die Gretchenfrage, 35 der sich der Wahlgewinner weitgehend entzog: Kurze Antworten ja, aber keine Beteiligung an der Diskussion; Kunst ja, aber keine Ansprechperson; Kultur ja, aber fast ausschließlich in den programmatischen Ansätzen zur Sicherheitspolitik. 40
Die Suche geht also weiter.
Ganz gleich, wie die Regierungskonstellation letztlich aussieht, im Regierungsprogramm müssen die folgenden wichtigen Anliegen enthalten sein:
- Angemessene Bezahlung von Kunst- und Kulturarbeit, 45 zumindest entsprechend den Kollektivverträgen bzw. Honorarrichtlinien von Interessenvertretungen; Kostenwahrheit bei Förderanträgen muss gewährleistet sein.

50 • Deutliche Ausweitung und kontinuierliche Valorisierung der Kunst- und Kulturförderung, um faire Bezahlung und somit soziale Absicherung von Kunst- und Kulturschaffenden zu gewährleisten!

55 • Einführung eines UrheberInnenvertragsrechts, urheberInnenfeindliche Vertragsklauseln müssen vertragsrechtlich ausgeschlossen werden.

• Signifikante Erleichterungen beim Zugang zu Arbeitslosengeld: Kurzzeitanstellungen mitdenken, Ruhendmeldung auf alle neuen Selbstständigen aus-
60 weiten!

• Konsequente Umsetzung der „UNESCO-Konvention über den Schutz und die Förderung der Vielfalt kultureller Ausdrucksformen".

• Einführung eines existenzsichernden bedingungslosen Grundeinkommens.   65

• Die Grundrechte aller Menschen sind zu garantieren.

• [...]

*Quelle: http://www.tki.at/kulturpolitik/oesterreich/wert-von-kunst-und-kultur/ (9. Jänner 2018).*

---

**INFOBOX**

**„… im eben zu Ende gegangenen Wahlkampf"**: Wahlkampf zur Nationalratswahl in Österreich im Herbst 2017

**TKI** steht für die Interessenvertretung der freien Kulturinitiativen in Tirol. Sie zählt über 120 Kulturinitiativen aus ganz Tirol zu ihren Mitgliedern. Die TKI versteht sich als kulturpolitisch gestaltende Kraft, die sich für die kontinuierliche Verbesserung der Rahmenbedingungen für autonome Kulturarbeit in Tirol einsetzt.

**Kulturrat Österreich:** Der Kulturrat Österreich ist der Zusammenschluss der Interessenvertretungen von Kunst-, Kultur- und Medienschaffenden. Der Kulturrat Österreich ist eine Plattform für gemeinsame kulturpolitische Anliegen und Ziele. Er vertritt diese gegenüber Politik, Medien und Verwaltung. Der Kulturrat Österreich eröffnet und fördert kultur-, bildungs-, medien- und gesellschaftspolitische Debatten.

---

**Verfassen Sie einen Text entsprechend der RDP/RP-Aufgabe 5.**
Schreiben Sie in eigenen Worten, ohne allzu viel vom Schüler/innenbeispiel unten zu übernehmen. Am besten wäre, das Beispiel unten erst später zu lesen.

**5.1**

**Kommentar (Schüler/innenarbeit):**

*Was Kunst und Kultur wert sind*

1

*In dem Text „Wert von Kunst und Kultur", herausgegeben von den Tiroler Kulturinitiativen, wird die immer größer werdenden Krise in der österreichischen Kultur beklagt.*

*Offensichtlich gibt es massive Ängste, dass an der Kulturförderung gespart werde. Der Kulturrat Österreichs fordert jedoch, dass Kunst und Kultur einen hohen Stellenwert bekommen müssten, dass Künstler auch finanziell* 5 *unterstützt werden müssen.*

*Für uns alle sollte klar sein: Unsere Kultur muss weiterhin und vermehrt gefördert werden. Warum? Die Antwort darauf ist einfach: Unsere Kultur ist das, was uns ausmacht.*

*Kulturelle Klischees wirken weltweit und innerhalb einer Gruppe. Man kennt uns Österreicher/innen als Schnitzel*
10 *essende Walzer-Tänzer. Natürlich essen wir nicht alle Schnitzel und können nicht alle im ¾-Takt schunkeln. Trotz-*
*dem definieren uns Strauss und die Wiener Küche. Obwohl Adolf Hitler vermutlich noch immer der „berühmteste"*
*Österreicher ist (den viele jedoch für einen Deutschen halten!), sind es Vertreter unserer Kultur, die ein positives*
*Österreichbild prägen: von Mozart und Haydn bis Sigmund Freud und Ludwig Wittgenstein. Österreichische Mu-*
*siker, Philosophen und vermehrt Filmemacher (Michael Haneke, Michael Glawogger), bildende Künstler (Schiele,*
15 *Klimt, Arnulf Rainer) und Bands (Falco, Wanda, Bilderbuch) prägen das Bild von Österreich in der Welt. Sie schaf-*
*fen aber nicht nur fürs Ausland sondern vor allem für uns selbst wichtige emotionale und sinnstiftende Verbin-*
*dungen.*

*Wir reden – noch Jahre später – über die großartige Oper, die man gesehen hat, die beeindruckende Kunst-*
*ausstellung, das unglaubliche Theaterstück, oder den Film, der uns so geprägt hat, den letzten Ball den man*
20 *besucht hat oder das Konzert unserer Lieblingsband. Das ist es, woran sich die Leute erinnern und worüber sie*
*gerne sprechen. Kultur schafft Gemeinschaftsgefühl. Und warum sollten wir an unserer Gemeinschaft sparen und*
*sie nicht fördern? Wir leben in einer Zeit, wo man „Kulturlosigkeit" und den „Verlust der Werte" beklagt. Gleich-*
*zeitig sparen wir an genau diesen Werten. Kultur ist das, was uns zusammenhält, was ein Gefühl der Verbunden-*
*heit suggeriert.*

25 *Kunst und Kultur sind deshalb so wichtig, weil sie sich mit jenen Dingen auseinandersetzen, die in einer Gesell-*
*schaft relevant sind. Künstler und Kulturschaffende sind jene Teile einer Gemeinschaft, die einerseits Kritik an*
*herrschenden Zuständen üben und andererseits neue Denkmodelle und Utopien erforschen können.*

*Dabei ist es wichtig, dass sie keinen wirtschaftlichen Überlegungen gehorchen müssen, die sonst unser Leben*
*beherrschen und bestimmen. Künstler sind jene Menschen, die einen Freiraum des Denkens schaffen können, der*
30 *uns zu neuen Denkmodellen inspirieren kann, der uns die Möglichkeit bieten kann, andere, neue Systeme des*
*Denkens zu erforschen. Gäbe es jenen künstlerischen Freiraum nicht mehr, würden also Künstler nicht mehr von*
*der Gesellschaft (vom Staat) unterstützt werden, um neue Ansätze experimentell zu erforschen, würden wir uns*
*als Menschen verkleinern. Wir würden uns reduzieren auf eine Gesellschaft, die nur von rationalistischen, gewinn-*
*orientierten Ansätzen geprägt ist. Doch diese – in unserer kapitalistischen Kultur vorherrschenden – Modelle füh-*
35 *ren uns immer näher an den ökologischen Suizid, an die (atomare) Auslöschung der Menschheit.*

*Kunst und Kultur haben im Gegensatz dazu seit jeher den Anspruch, den Menschen neue Denkansätze zu liefern*
*und sie im Denken zu befreien, um neue und vielleicht bessere Lösungen fürs Zusammenleben zu liefern. Die in*
*Demokratien vielgepriesene, und in Diktaturen immer eingeschränkte „Freiheit der Kunst" heißt nichts anderes,*
*als dass wir uns als Gesellschaft die Chance offen halten, dass wir uns weiterentwickeln und auch aus unseren*
40 *Fehlern lernen.*

*Nur autoritäre, repressive Systeme wie der sogenannte Islamische Staat verbieten jegliche Art von Kunst. Das*
*kann keine freudvolle Utopie für uns sein. Eine Gesellschaft ohne Kunst, ohne Kultur ist eine triste und langweilige*
*Angelegenheit. Lasst uns daher die Kunst fördern und sie auf möglichst vielfältige Weise genießen.*

*(582 Wörter)*

**5.2**  Folgen Sie dem Generalauftrag und korrigieren Sie den Schüler/innentext oben in Bezug auf Rechtschreibung,
Grammatik und Zeichensetzung.

**5.3**  **Analysieren und bewerten Sie die Schüler/innenarbeit nach folgenden Gesichtspunkten:**

**A. Inhalt:**
  **a)** Stellen Sie zu jedem Arbeitsauftrag fest, wie gut er erfüllt worden ist.
  **b)** Ist die Position des Verfassers/der Verfasserin klar erkennbar und durch Argumente gestützt? Belegen
  Sie Ihre Einschätzung anhand von Textstellen.
  **c)** Eigenständigkeit des Denkens: Gibt es Gedanken, die im Begleittext nicht aufscheinen? Wenn ja,
  welche?

B. **Textstruktur:**

Die Arbeit ist durch relativ viele Absätze gegliedert: Warum wurden die Absätze gemacht? Welche sollte man weglassen?

C. **Stil/Ausdruck:**

Der Verfasser/Die Verfasserin verwendet als Stilmittel mehrfach bewusste Wiederholungen/Parallelismen und rhetorische Fragen mit Antwort: Identifizieren Sie diese, indem Sie sie benennen und die Zeilennummer angeben.

D. **Die Textsorte insgesamt:**

Was unterscheidet diesen Kommentar von einer Erörterung?

---

Vergleichen und bewerten Sie die beiden folgenden Einleitungen zu RDP/RP 5: Was halten Sie für gelungen/ weniger gelungen? Begründen Sie Ihre Einschätzung. **5.4**

**Beispiel 1:**

### Was Kunst und Kultur wert sind

*Wenn sich unabhängige Kulturinitiativen so vehement an die Öffentlichkeit wenden, dann muss das wohl einen triftigen Grund haben. In der Erklärung „Wert von Kunst und Kultur" der Tiroler Kulturinitiativen (TIK) kommt die große Sorge zum Ausdruck, dass die Politik sich nicht allzu viel um Kultur schert, dass alles andere wichtiger erscheint. So viel zur sogenannten „Kulturnation" Österreich. Selbstlob ohne Inhalt!*

**Beispiel 2:**

### Was Kunst und Kultur wert sind

*Hunderttausende, ja Millionen Österreicher/innen besuchen jährlich kulturelle Veranstaltungen: Festivals, Konzerte, Theater, Filme. Kultur ist das Lebenselixier, die willkommene Abwechslung vom dumpfen Alltag für viele. Das ist der Politik ganz offenkundig nicht viel wert, höchstens eine Randnotiz, ein paar allgemeine Floskeln.*

---

Bewerten Sie den folgenden Ausschnitt aus einer Schüler/innenarbeit zu RDP 5/RP 5. Begründen Sie Ihre Einschätzung. **5.5**

*Geht man nur oberflächlich an die Sache heran, könnten Theatervorführungen, Konzerte, Filme und Ähnliches*   1
*wie ein purer Unterhaltungsfaktor wirken, welcher, vor allem durch die Verbreitung von modernen Medien wie Online-Streaming-Diensten, obsolet geworden ist. Blickt man allerdings tiefer, wird klar, wie sehr gerade moderne Kunst unser Leben beeinflusst. Es wird Gesellschaftskritik geübt, die Menschen zum Lachen, Weinen, Protestieren oder Nachdenken anregen kann. Dass die aktuelle Politik häufig ein zentrales Ziel der Kritik der zeitgenössischen*   5
*Künstler/innen ist, hat wohl direkten Einfluss auf die Willigkeit der Regierung, die Förderungen für alternative Kunst auszuweiten. Das nenne ich „billige Rache". Ihr Künstler seid nicht nett zu uns, dann werdet ihr schon sehen, wo ihr hinkommt! Das nenne ich Rache auf Kosten der Allgemeinheit! Traurig!*

---

**Variation zur Aufgabe 1 (Thema und Textbeilage sind gleich):** **5.6**

**Verfassen Sie einen Leserbrief.**

**Situation:** *Sie haben in einer Tageszeitung die Erklärung „Wert von Kunst und Kultur" gelesen. Sie schreiben dazu einen Leserbrief.*

Lesen Sie die Erklärung „Wert von Kunst und Kultur" von der Website der „Tiroler Kulturinitiativen" (Textbeilage 1).

Verfassen Sie danach einen Leserbrief. Bearbeiten Sie dabei die folgenden **Arbeitsaufträge:**

• Erschließen Sie die Absicht dieser Erklärung.
• Erläutern Sie, welchen Wert Kunst und Kultur haben (sollen).
• Nehmen Sie Stellung zur Frage, was Österreich als „Kulturnation" braucht.

Schreiben Sie **270 bis 330 Wörter.** Markieren Sie Absätze durch Leerzeilen.

# MODUL 6: TEXTINTERPRETATION (LYRIK)

**RDP/ RP 6**

**Thema: Literatur – Kunst – Kultur**
Joseph von Eichendorff: „Im Abendrot" und Thomas Bernhard: „Warum fürchte ich mein Altern"

**Aufgabe 1**
**Verfassen Sie eine Textinterpretation.**

Lesen Sie die Gedichte „Im Abendrot" von Joseph von Eichendorff und „Warum fürchte ich mein Altern" von Thomas Bernhard.

Verfassen Sie danach eine Textinterpretation. Bearbeiten Sie dabei die folgenden **Arbeitsaufträge**:
- Beschreiben Sie die Situation, in der sich das jeweilige lyrische Ich befindet.
- Analysieren Sie beide Gedichte im Hinblick auf das Zusammenspiel von Sprache, Form und Inhalt.
- Vergleichen Sie die Haltungen, die das jeweilige lyrische Ich dem Tod gegenüber einnimmt.
- Deuten Sie das Bild vom Tod, das das jeweilige Gedicht zeichnet.

Schreiben Sie **540 bis 660 Wörter**. Markieren Sie Absätze durch Leerzeilen.

**Textbeilage 1:**

## Joseph Freiherr von Eichendorff: Im Abendrot

1 Wir sind durch Not und Freude
Gegangen Hand in Hand,
Vom Wandern ruhen wir beide
Nun überm stillen Land.

5 Rings sich die Täler neigen,
Es dunkelt schon die Luft,
Zwei Lerchen nur noch steigen
Nachträumend in den Duft.

Tritt her und lass sie schwirren,
Bald ist es Schlafenszeit, 10
Dass wir uns nicht verirren
In dieser Einsamkeit.

O weiter, stiller Friede!
So tief im Abendrot,
Wie sind wir wandermüde – 15
Ist das etwa der Tod?

*Quelle: Joseph Freiherr v. Eichendorff: Gedichte. Hrsg. von Peter Neumann. Ditzingen: Reclam 1997.*

**Textbeilage 2:**

## Thomas Bernhard: Warum fürchte ich mein Altern

1 Warum fürchte ich mein Altern
meinen Tod der mich befällt
den Schrei?
Ich fürchte mich o Herr
5 ich fürchte meine Seele
und den Tag der an der Mauer lehnt
und mich zersägt
o Herr
ich fürchte mich
10 ich fürchte schon die Nacht
die vor den Dörfern steht
und hinterm Haus

die in den Kühen heult
und mit den Sternen tanzt
O Gott 15
ich fürchte mich
vor Dir
und vor der Traurigkeit
die mir den Mund zerschlägt
ich fürchte Herr 20
mein Grab
und mein Geschick in Düsternis
o Herr den Tod.

*Quelle: Thomas Bernhard: Gesammelte Gedichte. Berlin: Suhrkamp Verlag 1993.*

**INFOBOX**

**Joseph von Eichendorff** (1788 – 1857): einer der bedeutendsten Vertreter der deutschen Romantik.

**„Im Abendrot":** erstmals 1841 veröffentlicht.

**Thomas Bernhard** (1931 – 1989): bedeutender österreichischer Autor.

**„Warum fürchte ich mein Altern":** aus dem Gedichtzyklus „In hora mortis" (= „In der Todesstunde"), erstmals 1958 erschienen.

**Verfassen Sie einen Text entsprechend der RDP/RP-Aufgabe 6.**
Schreiben Sie in eigenen Worten, ohne allzu viel vom Schüler/innenbeispiel unten zu übernehmen. Am besten wäre, das Beispiel unten erst später zu lesen.

**6.1**

## Textinterpretation (Schüler/innenarbeit):

*Innerer Friede oder Angst und Schrecken? Zwei Gedichte über den Tod*

Gestorben wird in der Literatur viel, aber manche Werke machen den Tod zu ihrem Thema, etwa die beiden Gedichte „Im Abendrot" von Joseph von Eichendorff und „Warum fürchte ich mein Altern" von Thomas Bernhard. Auf den ersten Blick scheint das die einzige Gemeinsamkeit der beiden Gedichte zu sein. Das deutet schon allein die Situation an, in der sich das jeweilige lyrische Ich befindet.

Im älteren, aus der Zeit der Romantik stammenden, Gedicht von Eichendorff treffen wir ein lyrisches Ich an, dass immer nur in der Wir-Form spricht. „Wir", das dürfte ein älteres Paar sein, denn es ist die Rede davon, dass die Beiden „Hand in Hand" (V. 2) „durch Not und Freude" (V. 1) gegangen sind und nun – am Ende einer Wanderung (V. 3) – etwas wahrnehmen, vom dem das lyrische Ich meint, es könnte der Tod sein.

Ganz anders das lyrische Ich in Thomas Bernhards Gedicht. Das ist nicht am Ende seines Lebenswegs, sondern denkt nur daran. Die Tatsache des älter Werdens allein ruft in ihm Todesangst hervor, sodass er sich gedrängt fühlt, Gott anzurufen und diesem seine Angst zu klagen. „Warum fürchte ich mein Altern" hat daher inhaltlich gesehen etwas von einem Gebet.

Aber auch in formaler Hinsicht trägt Bernhard's Gedicht typische Merkmale eines Gebets: Es ist nicht in Strophen gegliedert, in freien Rhythmen verfasst und nicht gereimt. Die Versenden sind so gewählt, wie es dem Sprechrhythmus entspricht. Dadurch ergeben sich längere und kürzere Verse, wobei die Kürzeren dazu dienen einzelne Aspekte hervorzuheben. So sticht besonders der „Schrei" (V. 3), „o Herr" (V. 8) „mein Grab" (V. 21), aber ganz besonders die Verse „O Gott / ich fürchte mich / vor Dir" (V. 15 – 17) hervor.

Trotz dem Fehlen von Strophen ist das Gedicht klar gegliedert. Auf die einleitende Frage nach der Todesangst, folgen vier Teile, die jeweils mit der selben Phrase sowie der Anrufung Gottes (mit Variation) beginnen. Die ersten zwei dieser Abschnitte werden überhaupt von der Anapher „ich fürchte" eingeleitet, was dem Ausdruck der Angst Nachdruck verleiht. Insgesamt wird durch die Wiederholungen die Verzweiflung beim Gedanken an den Tod unterstrichen.

In sprachlicher Hinsicht fallen besonders einige Bilder auf. Zuerst einmal wird der Tag, als auch die Nacht mit dem Tod in Verbindung gebracht. Beide werden personifiziert: Der eine „lehnt" „an der Mauer" und „zersägt" das lyrische Ich (V. 6 f.); die andere „heult" und „tanzt" und „steht vor den Dörfern" sowie „hinter dem Haus" (V. 11 ff.). Eine weitere Personifikation liegt bei der „Traurigkeit" vor, die dem lyrischen Ich „den Mund zerschlägt" (V. 18 f.). Damit ist wohl das von der Traurigkeit verursachte Verstummen gemeint. Es gehört ebenso zum Bedeutungsbereich „Tod" wie das „Zersägen" und wie die Hinweise auf die Dunkelheit. („Nacht", V. 10; „Düsternis", V. 22)

Viel harmonischer als Bernhard's Gedicht ist Eichendorff's „Im Abendrot" gemacht. Es besteht aus vier, formal völlig identischen, Strophen zu je vier Versen, die im Kreuzreim miteinander verbunden sind, wobei der jeweils erste und dritte Vers klingend, der jeweils zweite und vierte Vers stumpf endet. Die Verse bestehen aus dreifüßigen Jamben.

**65**

35 Die Form des Gedichts wirkt sehr einfach. Das gilt auch für die Sprache. Es wird ein sehr einfaches, vertrautes Vokabular verwendet und der Satzbau ist alles andere als kompliziert. Diese schlichte Sprache stimmt mit der dargestellten Welt völlig überein, denn auch diese ist sehr einfach und undetailliert gehalten.

Jede Strophe zeichnet ein eigenes Bild. In der Ersten wird die Ausgangslage beschrieben: das Ruhen am Ende einer Wanderung. Das Wandern ist ein typisches Motiv der Romantik, das für Suche und dem Wunsch nach Frei-
40 heit steht. Am Beginn des Gedichts befinden wir uns daher am Ende eines solchen Lebens.

Die zweite Strophe bietet ein Naturbild, mit dem die sinnliche Wahrnehmung besonders intensiv angesprochen wird, neben dem Sehen („dunkel") und dem haptischen Sinn („Luft") auch das Riechen („Duft", V. 8) und durch die Lerchen das Hören. Auffällig ist auch die Synästhesie „Es dunkelt schon die Luft" (V. 6), aber auch die gegen-
sätzlichen Bildern der Abwärtsbewegung (die Täler „neigen" sich, V. 5) und der Aufwärtsbewegung (zwei Lerchen
45 „steigen", V. 7). Möglicherweise steht das in einem Zusammenhang mit dem Thema des Gedichts, der Tod. Denn das Neigen könnte einerseits eine Bewegung hin zur Erde, zum Grab anzeigen. Andererseits könnte das Auf-steigen die Ablösung vom Irdischen bedeuten. Das erinnert an ein anderes Gedicht Eichendorffs (dem sein Titel „Mondnacht" ist), in dem die Seele über das stille Land nach Hause fliegt.

In der dritten Strophe spricht das lyrische Ich seine Gefährtin direkt an und beschwört die Zweisamkeit. Zwar
50 nennt er die Situation „Einsamkeit", aber es ist das allein Sein der Beiden. Auch hier findet sich wieder ein Bild, dass auf den Tod vorausdeutet, nämlich der Schlaf. Eine Andeutung darauf findet sich bereits in der Strophe da-vor, wo der Traum angesprochen wird: Die Lerchen steigen „nachträumend" (V. 8) auf.

Schließlich drückt die letzte Strophe das Staunen des lyrischen Ich und seine Bewegtheit aus. Hier lösen sich nun die Sätze in Ellipsen auf. Es beginnt mit einem Ausruf höchster Ergriffenheit („O weiter, stiller Friede!", V. 13) und
55 setzt fort mit einer „Abend" Metapher („So tief im Abendrot", V. 14), die darauf hindeutet, dass etwas zu Ende geht. Durch die Auflösung eines herkömmlichen Satzbaus ist der genaue Sinnzusammenhang zwischen diesen beiden Versen nicht klar. Was ist „im Abendrot"? Steckt dort der „weite, stille Friede" drinnen? Und steckt er dort vielleicht „so tief" drinnen?

Ähnlich uneindeutig ist die Wortneuschöpfung „wandermüde" (V. 15). Bedeutet sie „vom wandern müde" oder
60 „des Wanderns müde"? Oder bedeutet sie beides? Und eine letzte Mehrdeutigkeit ergibt sich, aufgrund einer grammatischen Unklarheit im letzten Vers. Die erstaunte Frage des lyrischen Ich „Ist das etwa der Tod?" lässt offen, was mit „das" gemeint ist. Ist es der Umstand, dass man „wandermüde" ist? Das hieße, dass das Ende des Suchens und des Freiheitsdrangs, gleichbedeutend mit dem Tod ist. Das Pronomen „das" könnte sich aber auch auf den „stillen Frieden" und das „tiefe Abendrot" beziehen. Und schließlich wäre es möglich, dass es die ganze
65 Szenerie des Gedichts meint.

Jedenfalls nimmt das lyrische Ich in Eichendorffs Gedicht dem Tod gegenüber eine sehr gelassene Haltung ein. Es scheint, als sehe es ihn wie etwas ganz natürliches, harmonisches und selbstverständliches. Die Frage am Ende des Gedichts weist darauf hin, dass sich das lyrische Ich bisher nicht mit Gedanken an den Tod das Hirn zermar-tert hat. Denn dieses lyrische Ich tendiert nicht so sehr zum Nachdenken, sondern es geht in der Wahrnehmung
70 der Natur völlig auf und nimmt den Tod als Teil dieser Natur wahr, als etwas Schönes und Beeindruckendes.

Ganz anders ist das in Thomas Bernhards Gedicht. Hier ist von Anfang an klar, dass der Tod Angst und Schre-cken einjagt. Das lyrische Ich versinkt in quälende Gedanken an seinen Tod, der aggressiv dargeboten wird („mei-nen Tod der mich befällt", V. 2) und dem es überdies einige Brutalität zuspricht („zersägen", „zerschlagen"). Seine Haltung gegenüber dem Tod vermittelt ein Gefühl des hilflosen ausgeliefert Seins.

75 Interessanterweise führt Eichendorffs Gedicht zu einer Frage nach dem Tod, während Bernhards Gebet von einer Frage ausgeht. Das deutet auf völlig unterschiedliche Bilder vom Tod hin. Bei Eichendorff ergibt sich der Tod am Ende des Lebens, bei Bernhard ist es ein Starren auf den Tod vom Leben aus. Auch wenn der Tod noch Ferne ist – darauf verweist der erste Vers „Warum fürchte ich mich vor dem Altern" – so ist er doch sehr präsent. Er beherrscht alles („Tag" und „Nacht"), vor ihm gibt es keine Rettung. Ja, es gibt nicht einmal eine Erleichterung
80 durch das Gebet. Das lyrische Ich, das in seiner Todesangst Gott anruft, findet durch das Beten keinen inneren Frieden. Ganz im Gegenteil: Das Gedicht wirkt, als würde das lyrische ich immer weiter in Angst und Trübsinn versinken, weil es sich vor Gott selbst fürchtet, und weil der Tod nicht weiter als zum „Grab" (V. 21) und zu einem „Geschick in Düsternis" (V. 22) führt.

*Edvard Munch, Der Schrei (1893)*

Obwohl in Bernhards Gedicht gebetet und ein Gott angesprochen wird, hat es nichts von der christlichen 85 Vorstellung, dass der Tod der Übergang in ein anderes Leben sein würde. Er hat nichts erlösendes oder befreiendes, sondern er ist das, was das Leben prägt und bitter macht. Selbst wenn man Gott anruft, ändert sich daran nichts. 90

Ein solches Bild vom Tod ist dem Gedicht Eichendorffs fremd. Der Tod ist nichts, was die Gedanken beschäftigen würde, sondern eine Ahnung davon ergibt sich einfach. Dabei ist nicht einmal klar, was der Tod eigentlich ist. Denn am Ende des Gedichts wird gefragt, 95 ob „das" (siehe oben) der Tod sei, nämlich: ein tiefer innerer Friede; vollkommene Harmonie; wenn man von der Natur überwältigt und mit ihr eins ist; wenn man am Ende eines Weges müde ist. Anders als bei Bernhard ist hier der Tod ein Zustand innerer Ruhe, und 100 eine Abgrenzung zum Nicht-Tod ist gar nicht so klar.

So unterschiedlich können Bilder vom Tod sein.
(1455 Wörter)

**6.2**

Folgen Sie dem Generalauftrag und korrigieren Sie den Schüler/innentext oben in Bezug auf Rechtschreibung, Grammatik und Zeichensetzung.
Ausdrucksfehler sind grau markiert. Korrigieren Sie auch diese.

**6.3**

**Analysieren und bewerten Sie die Schüler/innenarbeit nach folgenden Gesichtspunkten:**

A. **Inhalt:**
   a) Der Text überschreitet die geforderte Länge bei weitem: Überprüfen Sie, ob damit ein Mehr an inhaltlicher Aussage verbunden oder ob der Text nur aufgeblasen ist. Analysieren Sie dazu, in welchen Teilen der Arbeit die einzelnen Arbeitsaufträge erfüllt werden.
   b) Stellen Sie fest, welches Fachwissen die Arbeit enthält. Halten Sie das für ausreichend? Begründen Sie Ihre Ansicht.
   c) Benennen Sie inhaltliche Stärken des Texts.

B. **Textstruktur:**
   a) Stellen Sie fest, ob die einzelnen Absätze kohärent sind, d. h. jeweils ein zentrales Thema haben. Benennen Sie das jeweilige Thema und zeigen Sie gegebenenfalls Gedankenbrüche auf.
   b) Ermitteln Sie, ob bzw. wie die einzelnen Absätze zusammenhängen.

C. **Stil/Ausdruck:**
   Überprüfen Sie, ob bzw. inwiefern der Text eine Fachsprache verwendet. Führen Sie Belege an.

D. **Die Textsorte insgesamt:**
   In einer Textinterpretation soll man „das Textganze erklären und eigene Gedanken entwickeln", sodass man „dem Text Sinn und Bedeutung" gibt. Besprechen Sie, inwiefern in der oben abgedruckten Arbeit diese Anforderung an die Textsorte erfüllt worden ist. Führen Sie Belege für Ihre Sichtweise an.

**6.4**

Schreiben Sie einen neuen Schluss für die Schüler/innenarbeit oben. Wählen Sie aus einer der folgenden Möglichkeiten:
• Ziehen Sie ein Resümee.
• Skizzieren Sie eine literaturgeschichtliche Einordnung der beiden Gedichte.

## MODUL 7: LESERBRIEF

**RDP/ RP 7**

**Thema: Mensch und Natur**
Klimawandel

**Aufgabe 1**
**Verfassen Sie einen Leserbrief.**

**Situation:** *Sie haben im Magazin der „Süddeutschen Zeitung" eine Kolumne zum Thema Klimawandel gelesen und verfassen als Reaktion darauf einen Leserbrief.*

Lesen Sie die Glosse „Urlaub war uns wichtiger als eure Zukunft, sorry" aus dem „SZ-Magazin" vom 14. Juli 2017. Schreiben Sie danach Ihren Leserbrief. Bearbeiten Sie dabei die folgenden **Arbeitsaufträge**:
- Fassen Sie die Kritik des Autors knapp zusammen.
- Erklären Sie die Haltung der Menschen in der westlichen Welt dem Klimawandel gegenüber.
- Nehmen Sie Stellung zu den Möglichkeiten, tatsächlich etwas gegen den Klimawandel zu unternehmen.

Schreiben Sie **270 bis 330 Wörter**. Markieren Sie Absätze durch Leerzeilen.

**Textbeilage 1:**

### „Urlaub war uns wichtiger als eure Zukunft, sorry"

Mit unserem Lebensstil schädigen wir den Planeten unwiderruflich. Jeder weiß es, keiner tut wirklich etwas dagegen. Ein vorweggenommener Entschuldigungsbrief an unsere Kinder

*Von Marc Baumann*

1 Liebe künftige Generationen,
sorry. Das mit der schmelzenden Arktis, das mit dem abgeholzten Regenwald, das mit den leergefischten Meeren, das waren wir. Wir haben euren Planeten aus-
5 gebeutet, eure Natur kaputt gemacht, euer Klima auf Jahrhunderte hinaus geschädigt. Unsere Wissenschaftler hatten uns zwar seit Jahrzehnten gewarnt, in immer eindringlicheren, verzweifelteren Worten, aber wir haben es nicht ernst genommen. Nicht ernst genug.
10 Und weil ihr, die ihr die Erde von uns erbt, zu Recht wütend auf uns sein werdet, entsetzt und fassungslos angesichts unserer Rücksichtslosigkeit und Dummheit, habt ihr ein Anrecht auf eine Erklärung. Nicht erst im Jahr 2050, wenn eh alles zu spät ist, sondern heute,
15 2017, wenn man es noch in allerletzter Sekunde hätte umbiegen können. Wir, die Erwachsenen weltweit, hätten mit aller Kraft und Macht auf die Bremse steigen müssen, aber wir sind weiter gut gelaunt und ignorant Vollgas mit unseren Verbrennungsmotoren gegen die
20 Wand gefahren. Und ihr wart im Kindersitz auf der Rückbank dabei.
So einen Brief im Jahr 2017 zu schreiben könnte zynisch wirken. Aber es soll nur ehrlich sein. Eine traurige Erkenntnis. Es ist Mitte Juli, und da gerade kein Terror,
25 G20 und nicht mal Bundesliga stattfinden, hört man in den Nachrichten ausnahmsweise was vom Klima. Ein gigantischer Eisberg ist abgebrochen, 175 Kilometer lang, bis zu 50 Kilometer breit. „Der Südpol zerbricht!", hat die Bild-Zeitung getitelt, riesengroß und angstein-
30 flößend. Endlich mal Action statt immer nur die drögen Zahlen und Statistiken, mit denen Klimaforscher zu belegen versuchen, was wir nicht hören wollen. Der Eisberg muss keine direkte Folge der Erderwärmung sein, wie

Wissenschaftler gleich angemerkt haben, er erinnert
35 aber unangenehmerweise daran. Und einwandfrei belegt ist, dass wir ein Hitzerekordjahr nach dem anderen erleben.
Trotzdem kenne ich nicht einen Kollegen, Bekannten, Verwandten oder Freund, der sich je ernsthaft ange-
40 strengt hätte gegen den Klimawandel zu kämpfen. Wir kaufen ab und an im Bio-Laden ein, trennen den Müll meistens und bei gutem Wetter lassen wir das Auto auch mal stehen. Viel bringt das nicht. Wir schimpfen lieber über den US-Präsidenten Donald Trump, der aus
45 dem ohnehin kraftlosen Pariser Klimaschutzabkommen ausgetreten ist. Die Wahrheit ist doch: Wir haben selber nichts gemacht. Gegen jedes neue Windrad wird geklagt, Elektroautos will kaum jemand kaufen. Weil die Technik nicht ausgereift ist? Ja, aber wie soll sie das sein, wenn
50 man lieber in neue Dieselmotoren investiert? Elektromotoren gab es schon um das Jahr 1830.
Wir sind nicht bereit, ernsthaft gegen den Klimawandel anzukämpfen, unseren verschwenderischen Lebensstil aufzugeben. Wer verzichtet denn auf Fernreisen, wenn
55 er sie sich leisten kann? Eine Bekannte von mir fliegt nach Thailand, wie man früher an den Gardasee gefahren ist – zwei-, dreimal im Jahr. Und ich? Als mich Freunde gefragt haben, ob ich mit ihnen auf einen Surftrip auf die Malediven fliege, habe ich abgesagt. Tatsächlich
60 auch wegen des $CO_2$-Ausstoßes (und der Kosten). Ich bin dann drei Monate später nach Portugal geflogen für eine Woche zum Surfen. Ich verzichte ein bisschen, aber weit jenseits der Schmerzgrenze. Weit jenseits der nötigen 80 Prozent und mehr, die jeder Bundesbürger (und
65 andere Bewohner einer Industrienation) von seinem persönlichen $CO_2$-Austoß einsparen müsste, um eine

Erderwärmung um mehr als 2 Grad Celsius irgendwie
noch zu vermeiden.

Es wäre, Stand heute, also möglich – nicht leicht, nicht
70 bequem, aber möglich. Wie? Sofortiger Ausstieg aus der
Kohle, konsequenter Umstieg auf regenerative Energien,
nachhaltig leben, nicht mehr verbrauchen als dieser
Planet nachwachsen lassen kann, viel weniger Fleisch
essen. Ein Mammut-Projekt, aber: Es wäre machbar. Wir
75 retten systemrelevante Banken, wir retten leider nicht
systemrelevante Wälder und Eisberge.

Der nötige radikale Lebenswandel könnte Arbeitsplätze
schaffen und sich auf lange Sicht wirtschaftlich lohnen.
Wir müssten hunderte Milliarden investieren in um-
80 weltfreundliche Technologien, aber wir hätten vielleicht
Billionen an Folgeschäden durch Sturm, Flut und Dürre
verhindern können. Tja. Hätten, müssten, könnten. Aber
vielleicht trösten unsere Kinder und noch ungeborenen
Enkelkinder die schönen Selfies, die wir 2017 im Urlaub
85 in Australien, Kalifornien oder Dubai machen?

Was werden sie von uns denken? Wie werden wir
uns rechtfertigen? Waren wir zu feige für den großen
Schnitt? Oder noch nicht geängstigt genug von den dro-
henden Katastrophen? So richtig unheimlich und exis-
90 tenzbedrohend sieht der prophezeite Klimawandel aus
Deutschland betrachtet noch nicht aus. Schlimm für die
Menschen in Bangladesh, die im Meer versinken sollen,
bitter für die Sizilianer, wenn dort in 20 Jahren kein Obst-
anbau mehr möglich wäre, aber in Bayern? Würden wir

95 dann zum Skifahren halt ein paar hundert Meter höher
fahren müssen.

Viel mehr Panik scheint nicht vorhanden zu sein, angesichts der Gefahr, einen ganzen Planeten aus dem
natürlichen Gleichgewicht zu bringen. Nicht mal Eltern
100 finden, dass sie die Erde für die Kinder retten müssten.
Sie fürchten handysüchtige Kinder, Impfungen oder Lak-
toseintoleranz. Das große, potentiell riesige, offensichtli-
che Problem wird ignoriert.

Vielleicht liegt es in der Natur des Menschen, dass
105 er nicht weiter als fünf, zehn Jahre denken kann. Ich
glaube, es war uns einfach – sagen wir es doch einfach
mal in aller Härte – scheißegal. Auf den Instagram- und
Facebook-Timelines meiner Freunde sehe ich exotische
Strände, ihre Abendessen mit Garnelen, Burger und Tun-
110 fisch, ihre neuen Autos, die neuen Sommerkleider, die
neuen Turnschuhe. Nie sehe ich Fotos von Demonstra-
tionen, niemand postet Aufrufe oder Artikel zum Thema.
Es gibt keinen Aufschrei, keine Appelle an die Politik
oder die Wirtschaft, endlich umzudenken.

115 Immerhin: Unsere Tatenlosigkeit ist gut dokumentiert in
Millionen von Selfies, die unseren Hedonismus[1], unseren
verantwortungslosen Lebensstil der Verschwendung,
feiern. Solltet ihr uns eines Tages vor Gericht anklagen
wollen wegen Umweltzerstörung, werdet ihr mehr als
120 genug Beweise haben. Ich plädiere hiermit schon mal
auf völlige Schuldfähigkeit.

*Quelle: SZ-Magazin, 14. Juli 2017.*

[1] *Hedonismus, der – antike philosophische Lehre, nach der das Glück in der Sinneslust liegt*

---

**Verfassen Sie einen Text entsprechend der RDP/RP-Aufgabe 7.**
Schreiben Sie in eigenen Worten, ohne allzu viel vom Schülerinnenbeispiel zu übernehmen. Am besten wäre,
das Beispiel erst später zu lesen.

**7.1**

**Leserbrief (Schülerinnenarbeit):**

1 *Sehr geehrte Redaktion!*

*Ich ersuche um Veröffentlichung des folgenden Leserbriefs.*

### Was kümmert mich der Klimawandel?

*Mit großem Genuss habe ich Marc Baumanns Glosse „Urlaub war uns wichtiger als eure Zukunft, sorry" gele-*
5 *sen, die im Magazin der SZ vom 14.07.2017 erschienen ist. Sehr treffend wird darin ein Bild des hedonistischen,*
*selbstdarstellerischen und gleichzeitig dem Klimawandel hilflos gegenüberstehenden Mitteleuropäers gezeich-*
*net. Wir nehmen die aktuelle Entwicklung nicht als bedrohlich wahr oder, wie der Verfasser vermutet, sie ist uns*
*schlichtweg gleichgültig.*

*Ich bin mir da nicht so sicher. Wenn man den Text liest, könnte man ja meinen, dass eh jeder weiß, wie man*
10 *kein Plastik ins Haus schleppt, den Autoschlüssel auf der Kommode liegen lassen kann und bürotauglich*
*aussieht, ohne dass unser virtueller ökologischer Fuß die Erdkugel plattdrückt. Zwar würde ich mich nicht als*
*Umweltaktivistin bezeichnen, doch habe ich schon öfters, mit Menschen über den Klimawandel diskutiert. Immer*
*wieder habe ich festgestellt, dass für die Einzelperson ganz und gar nicht so klar ist, wie sie sich verhalten sollte.*

*Ich sehe zwei Knackpunkte, an denen es scheitern kann. Nummer Eins: Wir haben das Problem mit dem Klima,*
15 *nicht so genau verstanden, wie es in dem o. a. Text dargestellt wird. Wäre uns immer präsent, was eine globale*
*Erderwärmung nicht nur für unsere Enkel und Kinder sondern auch für uns selbst bedeuten kann, hätten wir*
*Angst um unsere eigene Haut.*

*Was uns jetzt ängstigt, ist aber etwas anderes, die Nummer Zwei: Wir haben Angst vor unserer eigenen Autono-*
*mie. Denn über was sollen wir mit unseren Kollegen quatschen, wenn wir vor Ihnen nicht mit unserem traumhaft*
20 *exotischen Urlaub protzen können? Wie sollen wir den seltenen Restaurantbesuch mit der Familie noch genie-*
*ßen, wenn wir dabei kein saftiges Fillet verspeisen können? Ganz einfach und doch schwer zugleich: In dem wir*
*uns fragen, was das gute Leben für uns ausmacht, also nach unseren eigenen Werten leben, ohne den inneren*
*Zwang, andere beeindrucken zu müssen.*

*Auch wenn der Verfasser (einschließlich seiner Generation) anscheinend nicht mitziehen will – ich fang schon mal*
25 *damit an, die Welt zu retten. Hoffentlich reichen meine Anstrengungen für uns beide.*

*Vorname Familienname, Linz*

*(326 Wörter)*

**7.2**

Folgen Sie dem Generalauftrag und korrigieren Sie den Schülerinnentext oben in Bezug auf Rechtschreibung, Grammatik und Zeichensetzung.

Ausdrucksfehler sind grau markiert. Korrigieren Sie auch diese.

Der Leserbrief wurde wie folgt bewertet.

- Überprüfen Sie diese Bewertung.
- Ändern Sie dort, wo Sie der Meinung sind, dass anders zu bewerten wäre. Begründen Sie Ihre Änderungen.

| SRDP / BRP Deutsch, Kroatisch, Slowenisch, Ungarisch – Beurteilungsraster für Text 1 | | | | |
|---|---|---|---|---|
| **K1** / nicht erfüllt | *das Wesentliche überwiegend erfüllt* | *das Wesentliche zur Gänze erfüllt* | *über das Wesentliche hinausgehend erfüllt* | *weit über das Wesentliche hinausgehend erfüllt* |
| **Inhalt** ☐ | ☐ | ☐ | ☐ | ☒ |
| **Aufgaben-erfüllung aus inhaltlicher Sicht** | Schreibhandlung(en) im Sinne der geforderten Textsorte überwiegend realisiert | Schreibhandlung(en) im Sinne der geforderten Textsorte weitgehend realisiert | Schreibhandlung(en) im Sinne der geforderten Textsorte durchgehend realisiert | Schreibhandlung(en) im Sinne der geforderten Textsorte umfassend realisiert |
| | Arbeitsaufträge überwiegend erfüllt | Arbeitsaufträge weitgehend erfüllt | alle Arbeitsaufträge erfüllt | alle Arbeitsaufträge umfassend erfüllt |
| | Textbeilage(n) im Sinne der Arbeitsaufträge überwiegend erfasst | Textbeilage(n) im Sinne der Arbeitsaufträge weitgehend erfasst | Textbeilage(n) im Sinne der Arbeitsaufträge vollständig erfasst | Textbeilage(n) im Sinne der Arbeitsaufträge vollständig erfasst |
| | sachlich überwiegend richtig | sachlich weitgehend richtig | sachlich richtig | sachlich durchgehend richtig |
| | Qualität der inhaltlichen Auseinandersetzung: oberflächlich/wenig treffsicher/reproduzierend | Qualität der inhaltlichen Auseinandersetzung: ansatzweise komplex/weitgehend treffsicher/Ansätze zur Eigenständigkeit | Qualität der inhaltlichen Auseinandersetzung: komplex/treffsicher/merklich eigenständig | Qualität der inhaltlichen Auseinandersetzung: in hohem Maße komplex/treffsicher/eigenständig; gegebenenfalls ideenreich |
| **Textstruktur** ☐ | ☐ | ☐ | ☒ | ☐ |
| **Aufgaben-erfüllung aus textstruktureller Sicht** | Kohärenz: Text gedanklich und formal überwiegend der Textsorte angemessen strukturiert | Kohärenz: Text gedanklich und formal weitgehend der Textsorte angemessen strukturiert | Kohärenz: Text gedanklich und formal durchgehend der Textsorte angemessen und klar strukturiert | Kohärenz: Text gedanklich und formal durchgehend der Textsorte angemessen, klar, zielgerichtet und gegebenenfalls eigenständig strukturiert |
| | Bezugnahme auf die Textbeilage(n) im Sinne der geforderten Textsorte überwiegend erkennbar | Bezugnahme auf die Textbeilage(n) im Sinne der geforderten Textsorte realisiert | gelungene Verknüpfung mit der/den Textbeilage(n) im Sinne der geforderten Textsorte | besonders gelungene Verknüpfung mit der/den Textbeilage(n) im Sinne der geforderten Textsorte |
| | Einsatz passender Kohäsionsmittel überwiegend erkennbar | Einsatz passender Kohäsionsmittel weitgehend erkennbar | nahezu durchgehender Einsatz passender Kohäsionsmittel | durchgehender Einsatz passender Kohäsionsmittel |
| **K1** ☐ | ☐ | ☐ | ☐ | ☐ |

| | | | | |
|---|---|---|---|---|
| **K3/1** / nicht erfüllt | *das Wesentliche überwiegend erfüllt* | *das Wesentliche zur Gänze erfüllt* | *über das Wesentliche hinausgehend erfüllt* | *weit über das Wesentliche hinausgehend erfüllt* |
| **Stil/Ausdruck** ☐ | ☐ | ☒ | ☐ | ☐ |
| **Aufgaben-erfüllung in Bezug auf Stil und Ausdruck** | überwiegend schreibhandlungs- und situationsadäquate Sprachverwendung | weitgehend schreibhandlungs- und situationsadäquate Sprachverwendung | nahezu durchgehend schreibhandlungs- und situationsadäquate Sprachverwendung | durchgehend schreibhandlungs- und situations-adäquate Sprachverwendung |
| | überwiegend angemessene und semantisch korrekte Ausdrucksweise sowie geringe Varianz in der Wortwahl | weitgehend angemessene und semantisch korrekte Ausdrucksweise sowie variantenreiche Wortwahl | durchgehend angemessene und semantisch korrekte Ausdrucksweise sowie präzise und variantenreiche Wortwahl | durchgehend angemessene und semantisch korrekte Ausdrucksweise sowie besonders präzise, differenzierte und variantenreiche Wortwahl |
| | überwiegend gut verständliche bzw. nur wenig variierende Satzstrukturen | weitgehend gut verständliche und variantenreiche Satzstrukturen | durchgehend variantenreiche und komplexe bzw. der Textsorte angemessene Satzstrukturen | besonders variantenreiche und komplexe bzw. der Textsorte angemessene Satzstrukturen |
| | viele an die Textbeilage(n) angelehnte oder wörtlich übernommene Formulierungen | weitgehend eigenständige Formulierungen | nahezu durchgehend eigenständige Formulierungen | durchgehend eigenständige Formulierungen |
| **Sprachnormen** ☐ | ☐ | ☐ | ☒ | ☐ |
| **Aufgaben-erfüllung in Bezug auf normative Sprach-richtigkeit** | überwiegend richtige Anwendung der Regeln der Orthografie | weitgehend richtige Anwendung der Regeln der Orthografie | richtige Anwendung der Regeln der Orthografie; wenige Fehler | orthografisch (nahezu) fehlerfrei |
| | überwiegend richtige Anwendung der Regeln der Zeichensetzung | weitgehend richtige Anwendung der Regeln der Zeichensetzung | richtige Anwendung der Regeln der Zeichensetzung; wenige Fehler | Zeichensetzung (nahezu) fehlerfrei |
| | überwiegend richtige Anwendung der Regeln der Grammatik | weitgehend richtige Anwendung der Regeln der Grammatik | richtige Anwendung der Regeln der Grammatik; wenige Fehler | grammatikalisch (nahezu) fehlerfrei |
| **K3/1** ☐ | ☐ | ☐ | ☐ | ☐ |

**7.3**

**Analysieren und bewerten Sie die Schülerinnenarbeit nach folgenden Gesichtspunkten:**

**A. Inhalt:**
  **a)** Überprüfen Sie, ob und an welchen Stellen die Arbeitsaufträge bearbeitet werden. Geben Sie die entsprechenden Zeilennummern an.
  **b)** In welchen Passagen zeigt sich eigenständiges Denken?
  **c)** Ermitteln Sie, ob bzw. inwiefern es in diesem Fall zulässig oder passend wäre, wenn der Autor direkt angesprochen werden würde.
  **d)** Benennen Sie inhaltliche Stärken des Texts.

**B. Textstruktur:**
  **a)** Stellen Sie fest, mit welchen sprachlichen Mitteln Kohärenz hergestellt wird.
  **b)** Wie wird auf die Textvorlage Bezug genommen? Überprüfen Sie, ob die Bezugnahme korrekt ist und der Textsorte entspricht.
  **c)** Inwiefern ist der Schlussteil als solcher erkennbar?

**C. Stil/Ausdruck:**
  In dem Text werden einige umgangssprachliche Formulierungen verwendet. Passt dieser Stil zur Textsorte?

**D. Die Textsorte insgesamt:**
  **a)** Ein Leserbrief soll die breite Öffentlichkeit suchen, um ein Ziel zu erreichen. Wird der Leserbrief dieser Forderung gerecht? Begründen Sie Ihre Meinung.
  **b)** Ist durchgängig erkennbar, dass es sich um einen Leserbrief handelt? Begründen Sie.

**7.4** Schreiben Sie einen anderen Schluss des Leserbriefs. Wählen Sie eine der folgenden Möglichkeiten:
- Fordern Sie den Autor des Textes auf, zu handeln (was soll er tun?).
- Fordern Sie die Erwachsenen auf, zu handeln (was sollen sie tun?).
- Fordern Sie die Politik auf, zu handeln (was soll getan werden?).

**7.5** **Variation zur Aufgabe 1 (Thema und Textbeilage sind gleich):**

**Aufgabe: Verfassen Sie eine Textanalyse.**

Lesen Sie die Glosse „Urlaub war uns wichtiger als eure Zukunft, sorry" aus dem „SZ-Magazin" vom 14. Juli 2017. Schreiben Sie danach Ihre Textanalyse. Bearbeiten Sie dabei die folgenden **Arbeitsaufträge**:
- Fassen Sie den Inhalt des Textes knapp zusammen.
- Untersuchen Sie den Aufbau und die sprachlichen Auffälligkeiten des Texts.
- Erschließen Sie die Intention des Autors.

Schreiben Sie zwischen **405 bis 495 Wörter**. Markieren Sie Absätze mittels Leerzeilen.

# MODUL 8: ERÖRTERUNG

**Thema: Geschlechterkampf**
Sexismus-Debatte

**Aufgabe 1**
**Verfassen Sie eine Erörterung.**

Lesen Sie das Interview „Es sind immer die anderen – das ist ein Problem" von „Spiegel Online" vom 4. November 2017.

Verfassen Sie danach eine Erörterung und bearbeiten Sie dabei die folgenden **Arbeitsaufträge:**
- Fassen Sie die Standpunkte, die in dem Interview zum Thema Sexismus genannt werden, zusammen.
- Stellen Sie die möglichen Positionen von Männern und Frauen zu diesem Thema gegenüber.
- Nehmen Sie Stellung zu der Frage, welche Rolle die Politik und die Medien zu diesem Thema einnehmen können bzw. sollen.

Schreiben Sie zwischen **540 und 660 Wörter.** Markieren Sie Absätze mittels Leerzeilen.

## Textbeilage 1:

### „Es sind immer die anderen – das ist ein Problem"

Wie geht es mit #MeToo weiter? Die Feministin Andi Zeisler fordert, dass mehr über strukturelle Diskriminierung gesprochen wird – und findet es gerecht, dass sich jetzt Männer Gedanken über ihr Verhalten machen müssen.

*Interview: Eva Thöne*

1 **SPIEGEL ONLINE:** Frau Zeisler, Harvey Weinstein wurde nach Vergewaltigungsvorwürfen von seiner eigenen Firma gefeuert und öffentlich geschmäht. Roman Polanski, der in den Siebzigern eine 13-Jährige missbrauchte und
5 gegen den weitere Anschuldigungen im Raum stehen, wird derzeit mit einer großen Retrospektive in Paris geehrt. Warum gehen wir mit diesen zwei Männern so unterschiedlich um?

**Zeisler:** Männliche Macht wurde noch bis vor Kurzem
10 nicht nachhaltig infrage gestellt, wenn Vergewaltigungsvorwürfe – oder gar nachgewiesener Missbrauch wie bei Polanski – im Raum standen. Ein Täter tauchte höchstens einmal kurz ab, aber er kam immer wieder, galt noch immer als Genie, besaß Einfluss, Geld und Ruhm.
15 Heute hingegen ist es unmöglich geworden, übergriffige Männer oder gar Vergewaltiger noch zu verteidigen.

**SPIEGEL ONLINE:** Wie kam es zu dieser Entwicklung?

**Zeisler:** Seit Weinstein lässt sich nicht mehr leugnen, dass es sich nicht um bedauerliche Einzelfälle handelt.
20 So wurde das ja selbst noch bei den Missbrauchsvorwürfen gegen Bill Cosby vor zwei Jahren gehandhabt: Man regt sich kurz auf, opfert einen Mann und macht dann weiter wie bisher. Seit Weinstein ist völlig klar, dass immer ein System dahintersteckt, das unzählige Men-
25 schen still stützen. Menschen, die die Tat vor dem Opfer runterspielen. Die Treffen mit jungen Schauspielerinnen arrangieren. Oder die schlicht nichts sagen, obwohl sie um die Gefahr wissen. Dazu kommt, dass durch die Öffentlichkeit in den sozialen Medien ein Schneeballeffekt
30 möglich wird. #MeToo zeigt, dass wir nicht verrückt sind, einzelne schwierige Frauen, die Probleme machen – dazu sind wir zu viele.

**SPIEGEL ONLINE:** Auslöser für #MeToo waren sexuelle Übergriffe. Gleichzeitig gibt es aber auch subtileren Se-
35 xismus, der sich schwerer nachweisen lässt; etwa, wenn man im Job weniger ernst genommen wird. Sollte man das in der Diskussion klar trennen, wo verläuft hier die Grenze?

**Zeisler:** Sexuelle Übergriffe oder Vergewaltigung sind
40 natürlich etwas ganz anderes als strukturelle Diskriminierung. Aber gleichzeitig wurzelt alles im selben System. Im Moment wollen viele nur die krassen Horrorstorys hören. Vor allem Männer, die aus allen Wolken fallen, weil sie, bevor #MeToo viral ging, nie auf die Idee gekommen
45 wären, dass es überhaupt ein Problem gibt. Das ist aber eine Vermeidungsstrategie.

**SPIEGEL ONLINE:** Warum?

**Zeisler:** Weil der Fingerzeig erlaubt, sich selbst nicht zu problematisieren. Nicht alle Männer sind Vergewaltiger,
50 das ist völlig klar. Aber wer argumentiert: Ich bin es nicht, und es ist auch nicht mein netter Arbeitskollege und nicht mein Fußballfreund, es sind immer die anderen, die, die mir fremd sind – der stützt trotzdem bestimmte Strukturen. Das ist ein Problem. Weil er sich nicht fra-
55 gen muss, was er selbst gegen ein System tun kann, in dem Frauen nicht als gleichwertig angesehen werden. Ich würde mir wünschen, dass mehr weiße Männer die Macht, die mit ihrer privilegierten Position verbunden ist, nutzen würden, um Frauen zu fördern.

60 **SPIEGEL ONLINE:** Derzeit dreht sich die Diskussion aber nicht nur um diese Machtstrukturen, sondern auch um eine neue Unsicherheit. Männer beklagen, sie wüssten nicht mehr, was noch erlaubt ist. Sind Verhaltensverbote der richtige Weg?

65 **Zeisler:** Mich ärgert diese Frage.

**SPIEGEL ONLINE:** Wieso?

**Zeisler:** Wenn ich an die Energie denke, die vergeudet wurde, weil Frauen damit beschäftigt waren, sich über ihr Verhalten Gedanken zu machen, um sich ja nicht in
70 Gefahr zu bringen, wird mir ganz anders. Wie viele Bücher hätten in dieser Zeit von Frauen geschrieben werden können, wie viele Firmen gegründet werden können. Es ist eine Tragödie.

**SPIEGEL ONLINE:** Was haben Verhaltensverbote für
75 Männer damit zu tun?

**Zeisler:** Frauen passen ihre Leben permanent an, damit am Ende nicht rauskommt, sie seien selbst schuld, wenn ihnen etwas angetan wird – weil ihr Rock zu kurz war, weil sie im falschen Viertel nachts allein unter-
80 wegs waren. Ganz ehrlich: Wenn Männer sich jetzt mal zur Abwechslung Gedanken über ihr Verhalten machen

müssen, ist das nur fair. Frauen machen das seit Jahrhunderten.

**SPIEGEL ONLINE:** Aber Frauen spielen das Spiel meist mit, nehmen das Unnormale als Normalität an.   85

**Zeisler:** Sie haben eben auch verdammt viel zu verlieren. Aber klar, in dieses ungerechte System verstrickt sind wir alle. In manchen Bereichen geht das so weit, dass man sich selbst verleugnet. Die Publizistin Ariel Levy hat den Begriff der „Loophole Women" geprägt; Frauen also, die   90 durch ein Schlupfloch im Job aufgestiegen sind. Nämlich, indem sie ihr Verhalten an männliche Stereotype anpassen. Sie werden jedoch für ihre Anpassungsfähigkeit geschätzt, nicht als Person. Solche Frauen wollen auf keinen Fall als „normale" Frauen wahrgenommen   95 werden, machen sich gleichzeitig über sie lustig, halten sie klein oder sexualisieren sie gar, für den eigenen Erfolg. [...]

*Quelle: www.spiegel.de/kultur/gesellschaft/metoo-und-systemkritik-interview-mit-der-feministin-andi-zeisler-a-1142825.html (10. Nov. 2017).*

---

**INFOBOX**

**Andi Zeisler:** Autorin und Kritikerin. Themen: soziale Bewegungen und Popkultur. Gründerin eines feministischen Non-Profit-Projekts mit dem Namen „Bitch Media".

**#MeToo:** Ausgehend von öffentlich gemachter sexueller Belästigung in der Filmbranche deklarierten sich unter diesem Hashtag innerhalb weniger Wochen etwa fünf Millionen Frauen, die sexuelle Belästigung erlebt hatten.

**Harvey Weinstein:** US-amerikanischer Filmproduzent

**Roman Polanski:** französisch-polnischer Filmregisseur

**Bill Cosby:** US-amerikanischer Schauspieler, Komiker und Sänger

**viral gehen:** Der Empfängerkreis einer Internetbotschaft, eines Postings, eines Videos etc. vergrößert sich innerhalb kurzer Zeit exponentiell.

---

**8.1**  **Verfassen Sie einen Text entsprechend der RDP/RP-Aufgabe 8.**
Schreiben Sie in eigenen Worten, ohne allzu viel vom Schülerinnenbeispiel auf der nächsten Seite zu übernehmen. Am besten wäre, das Beispiel erst später zu lesen.

## Erörterung (Schülerinnenarbeit):

*Alltagssexismus und Gleichberechtigung, ein ewiger Kampf*

Eine junge Frau geht nach Hause. Es ist Nacht, die Straßen sind dunkel und verlassen, werden nur spärlich beleuchtet durch wenige Laternen. Die Frau trägt ein schönes Kleid – vielleicht war sie tanzen oder hatte eine Verabredung. Sie geht schnellen Schrittes, ihre Absätze klackern dabei. Plötzlich bemerkt sie in einiger Entfernung eine Gruppe Männer. Sie wechselt die Straßenseite. Wenige Sekunden vergehen, da hört sie die Männer bereits. 5
Sie rufen ihr unangemessene Bemerkungen hinterher und pfeifen. Die junge Frau fühlt sich belästigt und hat Angst. Sie versucht es sich nicht anmerken zu lassen und ignoriert die Männer.

Eine Situation wie diese ist uns wohl allen bekannt, manchen aus Filmen und manchen aus eigener Erfahrung. Doch wo genau ist nun die Grenze zwischen aufdringlichen Flirtversuchen und Sexismus? Und wie lassen sich solche, tief in der Gesellschaft verwurzelten Strukturen wieder auflösen? 10

Mit Fragen wie diesen beschäftigt sich auch Andi Zeisler, eine feministische Autorin. In einem Interview vom 10. November 2017 mit „Spiegel Online" von Eva Thöne, spricht sie über strukturelle Diskriminierung, erzählt vom Hashtag „#MeToo" und nennt dabei große Namen wie Roman Polanski, Bill Cosby und Harvey Weinstein. Sie kritisiert, dass bis vor einiger Zeit prominente sexuelle Straftäter noch nicht einmal einen bleibenden Imageschaden erlitten hätten und dass Sexismus ein System sei, das von vielen unterstützt werden würde. Oft seien 15
es Männer, die nicht wahrhaben wollen, dass Sexismus und Unterdrückung noch so präsent im täglichen Leben sind.

Wer als Mann nun schockiert oder überrascht ist, unter welchen Umständen sich Frauen im 21. Jahrhundert befinden, der hat anscheinend nicht genug aufgepasst. Viele Männer wundern sich vermutlich auch, dass ihr gewohntes Benehmen von Frauen nicht mehr toleriert wird und sind sich kaum bewusst, dass Alltagssexismus 20
überhaupt existiert oder spielen solche Situationen gerne herunter. Und wenn man sich schon selbst fragen muss, ob das eigene Verhalten angebracht ist, dann ist es das mit großer Wahrscheinlichkeit nicht. Andererseits darf hierbei nicht vergessen werden, dass Männer nicht nur Täter, sondern auch selbst Opfer von Sexismus werden können.

Die meisten Frauen stehen anders zu diesem Thema. Es gibt wohl keine Frau, die noch nie Opfer von sexistischem Benehmen, sowohl vom anderen als auch vom eigenen Geschlecht, geworden ist. Das können sowohl Vergewaltigungen oder körperliche Belästigungen, als auch diskriminierende Aussagen und Geringschätzung sein, wobei letztere selbstverständlich weniger schlimm sind. Für Frauen ist die momentane Sexismus-Debatte also ein wichtiges Anliegen: Es wird mehr Aufmerksamkeit und Bedeutung auf Gleichbehandlung und Unterstützung gelegt, was ein Schritt in die richtige Richtung ist. 30

Wichtig ist, dass sich auf lange Sicht an der heutigen Situation etwas ändert. Medien dürfen nicht nur auf die, wie Zeisler sie bezeichnet, „Horrorstories" wie sexuellen Übergriffe eingehen, sondern müssen sich auch auf die alltäglichen Situationen konzentrieren, wie den unangebrachten Nachruf auf der Straße, mit dem viele Frauen tagtäglich konfrontiert werden. Dank der sozialen Medien nimmt das erkennbar zu, mit Hashtags oder Videos, die genau auf solche subtileren Angriffe aufmerksam machen. 35

Auch die Politik spielt eine große Rolle, was die Lösung der Probleme betrifft. Kaum eine Partei in Österreich verzichtet in ihrem Programm auf eine Quotenregelung bei politischen Ämtern, zeigt nicht auf, wie wichtig es ist, Frauen in Führungspositionen zu haben oder verdeutlicht nicht die Differenz betreffend das Einkommen von Männern und Frauen. Nur wichtig wäre jetzt noch, diese nicht als leere Versprechen im Parteiprogramm zu haben, sondern sie auch tatsächlich umzusetzen. 40

Fakt ist: Je mehr Menschen auf Sexismus und Ungleichbehandlung aufmerksam machen, umso eher sind Fairness und Respekt zwischen den Geschlechtern nicht mehr die Ausnahme, sondern die Regel.

*(580 Wörter)*

**8.2** Folgen Sie dem Generalauftrag und korrigieren Sie den Schülerinnentext auf der vorigen Seite in Bezug auf Rechtschreibung, Grammatik und Zeichensetzung.
Ausdrucksfehler sind grau markiert. Korrigieren Sie auch diese.

**8.3** **Analysieren und bewerten Sie die Schülerinnenarbeit nach folgenden Gesichtspunkten:**

A. **Inhalt:**
a) Was bezweckt die Verfasserin mit ihren ersten beiden Absätzen? Erfüllen diese Absätze ihre Funktion?
b) Überprüfen Sie, ob und an welchen Stellen die Arbeitsaufträge bearbeitet werden. Geben Sie die entsprechenden Zeilennummern an.
c) Arbeitsauftrag 2 ist eine für die Erörterung charakteristische Aufgabe: Es wird verlangt, das Thema von verschiedenen Seiten zu betrachten. Ermitteln Sie, inwieweit dieser Arbeitsauftrag erfüllt wird bzw. ob die Bearbeitung dieser Aufgabe zulässig sein kann.
d) Bewerten Sie die Eigenständigkeit der inhaltlichen Auseinandersetzung.

B. **Textstruktur:**
a) Eine Erörterung sollte einen Referatsteil und einen Argumentationsteil beinhalten.
  • Ermitteln Sie jene Stellen, die dem Referatsteil bzw. dem Argumentationsteil zuzuordnen sind. Geben Sie Zeilennummern an.
  • Vergleichen Sie die Länge der beiden Abschnitte im Text. Ist das Verhältnis zwischen diesen beiden Teilen zweckmäßig?
b) Inwiefern ist der Schlussteil als solcher erkennbar?
c) Wie wird auf die Textvorlage Bezug genommen? Überprüfen Sie, ob die Bezugnahme durchgehend korrekt erfolgt.
d) Ermitteln Sie, ob bzw. wie die unterschiedlichen Abschnitte der Argumentation
  • inhaltlich,
  • sprachlich
  verknüpft sind.

C. **Stil/Ausdruck:**
a) Überprüfen Sie, wie eigenständig die Verfasserin formuliert. Gibt es wörtliche Übernahmen aus dem Text?
b) Bei der Erörterung soll der Stil sachlich argumentierend und anschaulich sein. Bewerten Sie, inwieweit die Ausdrucksweise angemessen bzw. variantenreich ist.
c) Beurteilen Sie die Satzstrukturen im Hinblick auf Komplexität und Varianz.

D. **Die Textsorte insgesamt:**
a) In einer Erörterung muss ein Thema kritisch überprüft werden und es sollen eigene Gedanken zum Sachverhalt entwickelt werden. Inwieweit erfüllt der Text diese Anforderungen?
b) Inwiefern ist die Argumentation schlüssig und relevant? Werden verschiedene Standpunkte ausreichend einbezogen?
c) Die Erörterung wurde von einer Schülerin geschrieben. An welchen Stellen ist das erkennbar? Bewerten Sie, ob es (in diesem Fall?) zulässig ist, dass das Geschlecht des Verfassers/der Verfasserin erkennbar ist.

**8.4**

1. Verfassen Sie eine ähnliche Einleitung, bei der Sie die Perspektive eines Schülers (männlich!) einnehmen.

2. Schreiben Sie einen alternativen Schluss der Erörterung. Wählen Sie aus einer der folgenden Möglichkeiten:
   - Bezug zur Einleitung herstellen
   - kaum zu lösende Probleme aufzeigen
   - auf weiter reichende Folgen hinweisen

**8.5**

1. Die folgenden Aussagen stammen aus Schüler/innentexten zu RDP/RP 8. Wählen Sie eine oder mehrere der folgenden Aussagen. Bauen Sie sie jeweils zu vollständigen Argumentationen im Sinne der Aufgabenstellung in RDP/RP 8 aus oder entkräften Sie sie. Sie können die Aussagen auch verändern oder ergänzen.

2. Wählen Sie drei für Sie wichtige Aussagen aus, reihen Sie sie, bauen Sie sie aus und schreiben Sie Überleitungen zwischen den Argumenten.

### Aussagen zum Thema „Sexismus":

1.
*Männer sind nicht unschuldig. Sie nützen Abhängigkeitssituationen schamlos aus und drängen Frauen noch weiter in überkommene Rollenbilder.*

2.
*Die Forderungen gehen zu weit. Frauen wollen Karriere machen, aber vor der wahren Härte der Konkurrenz im Berufsleben wollen sie verschont werden.*

3.
*Wahrscheinlich will kaum jemand absichtlich jemanden sexuell belästigen. Aber woran können Männer und Frauen erkennen, was dem Gegenüber zu weit geht?*

4.
*Tatsache ist, dass es Frauen den Männern sehr leicht machen, sie in eine Rolle zu drängen.*

1

5

10

5.
Wie soll man sich als Mann in Zukunft verhalten? Soll
man(n) bei jedem Kompliment fragen müssen, ob sich
15 die Frau nicht sexuell belästigt fühlt? Darf man einer
Dame noch eine schwere Tasche abnehmen oder die
Tür aufhalten?

6.
Frauen wollen nicht auf ihr Äußeres reduziert werden,
20 andererseits fördern die Werbung und das Fernsehen
– Stichwort „Germany's next Topmodel" – genau diese
sexualisierte Haltung.

7.
Durch die Präsenz dieser Themen wird Frauen immer mehr bewusst, wie groß eigentlich der Spalt zwischen den
25 Geschlechtern ist, was heutzutage auch vermehrt an den aktiven – männlichen – Feministen und politischen Bewegungen ablesbar ist.

8.
Häufig wissen sich Frauen in Situationen, speziell dann, wenn es Gewalt betrifft, nicht zu helfen, oder sie trauen
sich nicht, sich zu verteidigen, aus Angst, sich damit in noch größere Schwierigkeiten zu bringen.

### 8.6

**Variation zur Aufgabe 1 (Thema und Textbeilage sind gleich):**

**Aufgabe: Verfassen Sie einen Kommentar.**

**Situation:** In Ihrer Stadt/Region geben mehrere Oberstufenschulen gemeinsam eine Schülerzeitung heraus. Die nächste Ausgabe hat das Schwerpunktthema „Gleichberechtigung: längst erreicht!?". Sie verfassen für diese Ausgabe einen Kommentar mit dem Titel „Sexismus im Alltag".

Lesen Sie das Interview „Es sind immer die anderen – das ist ein Problem" von „Spiegel Online" vom 4. November 2017.

Verfassen Sie danach einen Kommentar und bearbeiten Sie dabei die folgenden **Arbeitsaufträge**:
• Geben Sie die Standpunkte, die im Interview zum Thema Sexismus genannt werden, knapp wieder.
• Nehmen Sie zu verschiedenen Formen des Alltagssexismus Stellung.
• Machen Sie Vorschläge, wie sich Männer und Frauen verhalten sollen.

Schreiben Sie zwischen **405 und 495 Wörter**. Markieren Sie Absätze mittels Leerzeilen.

# MODUL 9: ZUSAMMENFASSUNG

**Thema: Politik**
Populismus

**Aufgabe 1**
**Schreiben Sie eine Zusammenfassung.**

**Situation:** *Sie beschäftigen sich in der Schule im Rahmen eines Projekts mit aktuellen politischen Strömungen und Erscheinungen. Zu Ihren Aufgaben gehört es, dem Begriff „Populismus" nachzugehen und die Frage „Was ist Populismus?" in einem Handout für Ihre Mitschüler/innen zu klären. Dazu fassen Sie ein Interview mit dem Politikwissenschaftler Jan-Werner Müller (Universität Princeton) zusammen.*

Lesen Sie das Interview „Der Spuk geht nicht so schnell vorbei" aus „ZEIT Wissen", Nr. 5/2016.

Schreiben Sie danach Ihre Zusammenfassung. Bearbeiten Sie dabei die folgenden **Arbeitsaufträge**:
• Benennen Sie wesentliche Merkmale des Populismus.
• Erschließen Sie die Rolle von gesellschaftlichen Eliten im Zusammenhang mit Populismus.
• Geben Sie typische Strategien des Populismus wieder.
• Beschreiben Sie gesellschaftliche Grundlagen, auf denen aktuelle populistische Strömungen entstehen.

Schreiben Sie **270 bis 330 Wörter**. Markieren Sie Absätze durch Leerzeilen.

## Textbeilage 1:

### „Der Spuk geht nicht so schnell vorbei"

Populismus lässt sich nicht durch Verführung erklären, sagt der Politikwissenschaftler Jan-Werner Müller. Ein Gespräch über den wahren Charakter der gefährlichen Kraft

*Interview: Katrin Zeug und Niels Boeing*

1 [...]
**Zeit Wissen:** Professor Müller, was hat Populismus mit Verführung zu tun?

**Jan-Werner Müller:** Ich wehre mich immer gegen diese
5 psychologisierende Perspektive. Man ist sehr schnell mit allen möglichen Gefühlen bei der Hand, die man den Populismusopfern zuschreibt: Sie werden verführt, sind alle ressentiment- oder wutgeladen, sind die Frustrierten, die Verängstigten.

10 **Zeit Wissen:** Stimmt das denn nicht?

**Müller:** Ich will nicht in Abrede stellen, dass das auch der Fall sein kann. Aber wir sagen damit indirekt, die Leute können nicht selber denken, die sind den falschen Versprechen oder eigenen Wutausbrüchen ausgeliefert.
15 Wenn wir „die Masse der Verführten" als Opfer von Demagogen behandeln, sind wir auf einer abschüssigen Bahn. Wir werden selber verführt von Annahmen, die typisch sind für die Massenpsychologie des 19. Jahrhunderts und die Modernisierungstheorie der fünfziger
20 Jahre: Die Masse ist angeblich irrational und hat Angst vor der Moderne. Diese Sicht ist heute sehr weit verbreitet. So schrieb Tony Blair einmal, viele Leute könnten die moderne Welt schlicht nicht verstehen. Da wäre ich vorsichtig.

25 **Zeit Wissen:** Woran erkennt man einen Populisten, wenn nicht an seinen Verführungstricks?

**Müller:** Daran, dass jemand behauptet, er und nur er beziehungsweise nur er und seine Partei seien die ein-

zig legitimen Vertreter des wahren Volkes. Entscheidend ist nicht die antielitäre Haltung, denn Eliten kritisieren 30 wir alle ständig. Entscheidend ist eine antipluralistische Haltung.

**Zeit Wissen:** Können Sie ein Beispiel nennen?

**Müller:** Donald Trump hat im Mai auf einer Wahlkampfveranstaltung etwas gesagt, das kaum beachtet worden 35 ist, weil er ja ständig sehr anstößige Sachen von sich gibt, aber es zeigt diese Haltung deutlich. Er sagte: „The only thing that matters is the unification of the people, and all the other people don't matter."

**Zeit Wissen:** „Das Einzige, was zählt, ist die Einheit des 40 Volkes" – klingt eher harmlos.

**Müller:** Der zweite Teil des Satzes ist entscheidend: „All die anderen Menschen, die zählen nicht." Es gibt also ein wahres Volk und einen einzigen wahren Vertreter dieses Volkes – ihn. Wer gegen ihn ist, ist automatisch 45 nicht Teil des wahren Volkes und zählt damit moralisch und vor allem auch politisch nicht.

**Zeit Wissen:** Populismus ist für Sie in erster Linie eine Haltung und nicht mit bestimmten Themen verbunden?

**Müller:** Das Entscheidende ist der moralische und dann 50 auch politische Ausschluss aufgrund des eigenen Alleinvertretungsanspruchs. Wer den nicht vollzieht, ist für mich kein Populist. Da kann er noch so viele Dinge sagen, die einem aufstoßen oder die man strikt ablehnen muss, wie Fremdenfeindliches und Rassistisches. 55

**„Populisten sagen, es gäbe den einzig wahren Volkswillen"**

**Zeit Wissen:** Zumindest am Anfang vertreten Populisten ja immer eine Minderheit. Wie schaffen sie es, sich trotz-
60 dem als Vertreter des Volkes darzustellen?

**Müller:** Dazu gehört in gewisser Weise ein Taschenspielertrick: Zunächst sagen sie, es gebe einen einzig wahren Volkswillen, der sich gar nicht irren könne. Dann behaupten sie, dass dieser Wille bisher von den Eliten
65 unterdrückt und nicht gehört worden sei. Und schließlich, dass sie selbst nichts weiter täten, als diesen Willen zur Geltung zu bringen. Sie setzten nur um, wozu ihnen das Volk den Auftrag gebe.

**Zeit Wissen:** Und warum wirkt das immer wieder so
70 überzeugend?

**Müller:** Populisten fangen oft nicht so radikal an, wie sie enden. Nehmen wir zum Beispiel Erdoğan. Was er am Anfang gesagt hat, war ja nicht falsch: Es gibt in der Türkei viele, die nicht dem kemalistischen Idealbild entspre-
75 chen, zu religiös und zu ländlich sind, sich diesem ganzen Modernisierungsprozess nicht unterworfen haben – diese sogenannten schwarzen Türken sind de facto vom politischen Prozess ausgeschlossen gewesen. Mit der Kritik daran hatte Erdoğan recht und hatte so schon
80 sehr viele Leute für sich gewonnen. Aber irgendwann kam der Umschwung. Es hieß plötzlich nicht mehr, wir sind auch das Volk. Es hieß, wir sind das Volk, und die anderen gehören gar nicht dazu. Populismus baut sich über eine längere Zeit auf, in der die Anhänger bei der
85 Stange bleiben. Die meisten sagen nicht irgendwann: Erdoğan war nur mein Vertreter, solange er den Pluralismus akzeptiert hat.

**Zeit Wissen:** Wie kommt es zur Ablehnung von Pluralismus?

90 **Müller:** Zunächst einmal ist Pluralismus nur eine Kurzformel dafür, dass wir in einer modernen Demokratie damit zurechtkommen müssen, als freie und gleiche Bürger auf einigermaßen faire Weise mit Leuten zusammenzuleben, die zum Teil ganz anders sind als wir. Wir müssen
95 akzeptieren, dass auch Menschen, deren Lebensstil uns nicht immer gefällt, Teil der Gesellschaft sind und mitbestimmen können. Hinzu kommt, dass Gesellschaften immer vielfältiger geworden sind und zum Beispiel Minderheiten und Frauenrechte anerkennen. Manche wollen
100 das nicht.

**Zeit Wissen:** Dabei tut Vielfalt einer Gesellschaft doch gut, macht sie robuster und interessanter.

**Müller:** Es geht hier um ganz reale Machtverluste. Beispiel USA: Ein weißer Mann hatte in der patriarchali-
105 schen Welt der fünfziger und sechziger Jahre auch als nicht besonders gut ausgebildeter Mensch eine gewisse Macht. Die hat er so heute sehr wahrscheinlich nicht mehr. Wenn nun jemand kommt und sagt, ich kann das alles wieder so machen, wie es schon mal war, ihr habt

im Grunde recht, es war völlig falsch, dass wir uns auf eine Gesellschaft zubewegen, in der Weiße eines Tages nicht mehr die Mehrheit sind – dann ist das für manche Bürger ein attraktives Politikangebot.

**Zeit Wissen:** Gerade frustrierte weiße Männer scheinen im Internet allgegenwärtig zu sein. Befeuert das Internet den Populismus?

**Müller:** Es scheint mir ein Phänomen zu verstärken, das man mit dem auf den ersten Blick paradoxen Konzept der direkten Repräsentation beschreiben könnte: Man hat die Illusion, mit dem wahren Vertreter des authentischen Volkswillens direkt in Kontakt zu stehen. Denken Sie an Trumps Twitter-Nachrichten, er beschreibt sich ja inzwischen als den „Hemingway der 140 Zeichen", und eine gewisse Effektivität kann man seinen Tweets nicht absprechen. Oder nehmen Sie Beppe Grillo, den Chef der italienischen Fünf-Sterne-Bewegung, die aus seinem Blog entstanden ist. Grillo behauptet: „Ihr sagt, was los ist, und ich bin der Lautsprecher, ich bin der Verstärker." Und das Gefühl „Wir sind das wahre Volk und uns wirklich einig" wird dadurch verstärkt, dass andere Wortmeldungen immer wieder die eigenen Ansichten bestätigen.

**Zeit Wissen:** Sprechen Populisten anders als andere?

**Müller:** Sie verwenden keine anderen Wörter. Auf den ersten Blick nutzen sie die Sprache der Demokratie, und darum ist Populismus auch so gefährlich. Marine Le Pen, die Vorsitzende des französischen Front National, kommt, anders als ihr Vater, längst ohne Holocaust-Leugnung aus. Populisten wie sie sagen heute: Wir wollen die Kontrolle zurück. Und Kontrolle heißt doch nationalstaatliche Demokratie.

**Zeit Wissen:** Was ist daran gefährlich?

**Müller:** Populisten klingen häufig so, als wären sie für mehr Volksbefragungen und Referenden, damit das Volk endlich selber sprechen könne. Das kann man auch alles diskutieren. Nur leiten sie letztlich ihre Vorstellungen von dem, was das Volk wirklich will, gar nicht aus empirischen Ergebnissen ab. Sondern aus einer symbolischen Form von Repräsentation: Wir, die wahren Vertreter, wissen, was das Volk will. Sie wollen keinen ergebnisoffenen Willensbildungsprozess, wie dies bei einem Referendum der Fall sein sollte. [...]

*Quelle: ZEIT Wissen, Nr. 5/2016.*

---

**INFOBOX**

**Tony Blair:** ehemaliger britischer Premierminister (Labour Party)

**kemalistisch/Kemalismus:** benannt nach Mustafa Kemal Atatürk, Begründer der Republik Türkei; Gründungsideologie der Republik Türkei (1923), die sich an westlichen Gesellschaftsformen orientiert, u. a. an der politischen Form der Republik und der strikten Trennung von Staat und Religion.

**Verfassen Sie einen Text entsprechend der RDP/RP-Aufgabe 9.**
Schreiben Sie in eigenen Worten, ohne allzu viel vom Schüler/innenbeispiel unten zu übernehmen. Am besten wäre, das Beispiel unten erst später zu lesen.

## Zusammenfassung (Schüler/innenarbeit):

*Was ist Populismus?*

*Jedem, der das aktuelle Politikgeschehen verfolgt, wird der Begriff „Populismus" geläufig sein. Der Politikwissenschaftler Jan-Werner Müller spricht in seinem Interview „Der Spuk geht nicht so schnell vorbei" in „ZEIT Wissen" (Nr. 5/2016) über dieses Phänomen und erklärt was darunter zu verstehen ist.*

*Laut Müller hat Populismus mit der psychologischen Perspektive der Verführung wenig zu tun. Vielmehr erken-* <sub>5</sub> *ne man Populismus an einer antipluralistischen Haltung: Populisten stellen sich selbst als die einzigen wahren Vertreter des einzig wahren Volkes dar und akzeptieren in dieser Rolle neben sich keine anderen politischen Mitbewerber. Der Anspruch, der einzige legitime und daher alleinige Vertreter des Volkes zu sein, schließt laut dem Politikwissenschaftler andere moralisch und politisch aus. Genau das sei das entscheidende Merkmal des Populismus – wobei die Anderen Gruppen seien, die nicht zum „wahren Volk" gehörten, sowie Politiker oder Parteien,* <sub>10</sub> *die das „wahren Volk" nicht repräsentierten.*

*Gesellschaftliche Eliten dienen dabei als Sündenböcke, so Prof. Müller. Die Populisten, die anfangs immer Minderheiten vertreten, behaupten, dass es einen einzig Volkswillen gebe und sie diesen repräsentieren würden. Wer sich gegen die Populisten stellt, analysiert Müller, wird in der Folge als Gegner des Volks gebrandmarkt. In dieser Rolle fänden sich Eliten wieder, denn sie unterdrückten – in der Argumentation der Populisten – den Volkswillen.* <sub>15</sub> *Dagegen solle man sich natürlich wehren – mit den Populisten als Anführer. Damit dieser Aufstand gegen die Eliten überhaupt gesellschaftsfähig werden könne, bedürfe es einem gemäßigten Beginn, nach dem über einen längeren Zeitraum Anhänger gewonnen werden. Danach folge meist der Umschwung zu weitaus radikaleren Ansichten. Dabei bleibe der Großteil der Anhängerschaft erhalten. Laut Prof. Müller begünstigt das Internet eine solche Strategie, weil es den Eindruck vermittle, dass der Populist näher am Volk sei und dieses daher noch un-* <sub>20</sub> *mittelbarer repräsentiere.*

*Wichtige Grundlagen für den Populismus sind gemäß dem Professor die zunehmende gesellschaftliche Vielfalt sowie die Tatsache, dass sich vieles rasch verändert. Mit beiden Phänomenen seien Machtverschiebungen verbunden, die dazu führten, dass sich Menschen selbst als Verlierer wahrnähmen, denen der Populismus das Angebot mache, alte Verhältnisse wiederherzustellen.* <sub>25</sub>

*(326 Wörter)*

Folgen Sie dem Generalauftrag und korrigieren Sie den Schüler/innentext oben in Bezug auf Rechtschreibung, Grammatik und Zeichensetzung.

**9.2**

**9.3** **Analysieren und bewerten Sie die Schüler/innenarbeit nach folgenden Gesichtspunkten:**

**A. Inhalt:**

a) Was bezweckt der Verfasser/die Verfasserin mit seinem/ihrem ersten Satz? Ist das passend?

b) Überprüfen Sie, ob und an welchen Stellen die Arbeitsaufträge erfüllt werden. Geben Sie die entsprechenden Zeilennummern an.

c) Überprüfen Sie die Ausführlichkeit, mit der die einzelnen Arbeitsaufträge erfüllt werden.

d) Arbeitsauftrag 2 lautet: „Erschließen Sie die Rolle von gesellschaftlichen Eliten im Zusammenhang mit Populismus." – Klären Sie, wie dieser Auftrag inhaltlich gelöst wird und ob bzw. inwiefern diese Lösung zulässig ist.

**B. Textstruktur:**

a) Ein wesentlicher textstruktureller Gesichtspunkt bei der Zusammenfassung ist die Verknüpfung mit der Textbeilage.
   - Stellen Sie fest, welche Mittel der Redewiedergabe eingesetzt werden und ob diese Verwendung passend ist.
   - Bewerten Sie den Einsatz des Konjunktivs als Mittel der Distanzierung.

b) Stellen Sie fest, ob bzw. inwiefern die Absatzgliederung (nicht) sinnvoll ist.

c) Ermitteln Sie, ob bzw. wie die Absätze
   - inhaltlich,
   - sprachlich

   verknüpft sind.

**C. Stil/Ausdruck:**

a) Überprüfen Sie, wie eigenständig der Verfasser/die Verfasserin formuliert: Welche Formulierungen sind aus der Textbeilage wörtlich übernommen? Sind diese Übernahmen gerechtfertigt? Begründen Sie.

b) Beurteilen Sie die Satzstrukturen im Hinblick auf Verständlichkeit und Varianz.

**D. Die Textsorte insgesamt:**

a) Ist durchgängig erkennbar, dass es sich um eine Zusammenfassung handelt? Das heißt: Macht der Verfasser/die Verfasserin deutlich, dass er/sie nicht eigenes, sondern fremdes Wissen reproduziert? Begründen Sie.

b) Inwiefern ist (nicht) zu erkennen, dass der Verfasser/die Verfasserin Medium und Leser/innen beachtet hat?

c) Eine Zusammenfassung muss relevante Informationen und die logisch-sachliche Struktur der Textbeilage wiedergeben. Inwiefern erfüllt die Schüler/innenarbeit diese Forderung (nicht)?

**9.4** Schreiben Sie zumindest zwei Varianten der Einleitung zur Schüler/innenarbeit auf Seite 81. Achten Sie auf:
- Basissatz/Eckdaten
- genaue Quellenangabe
- Interesse der Leser/innen wecken

**9.5** **A.** Auf der nächsten Seite finden Sie unter „A" eine Arbeit zur Aufgabe RDP/RP 9, die mit „Nicht genügend" beurteilt worden ist. Ermitteln Sie jene Deskriptoren aus den Dimensionen
- Inhalt,
- Textstruktur,
- Stil/Ausdruck,
- Sprachnormen,

die zu dieser Beurteilung geführt haben.

**B.** Unter „B" finden Sie Auszüge aus Schüler/innenarbeiten, die für die Textsorte Zusammenfassung typische Fehler enthalten.
Ordnen Sie die Auszüge und den Schüler/innentext unter „A" den in der Checkliste „Zusammenfassung – so nicht!" (Seite 84) angeführten typischen Fehlern zu. Mehrfachzuordnungen sind möglich.

## A. Zusammenfassung 2 (Schüler/innenarbeit):

*Populismus funktioniert hervorragend!*

In einem Interview mit „ZEIT Wissen"; Nr. 5/2016, beantwortet der Politikwissenschaftler Jan-Werner Müller Fragen über den Populismus.

Populismus ist eine politische Haltung, welche den Kerngedanken eines einzigen, gleichdenkenden Volkes hat. Menschen, die eine andere Meinung vertreten, werden moralisch und politisch ausgeschlossen. Das Ziel des Populismus ist die Bewahrung beziehungsweise die Wiederherstellung von alten Machtverhältnissen. Typisch für den Populismus ist die Wiederholung bestimmter Gesichtspunkte, wie zum Beispiel die Vertretung des Volkes durch einen Politiker.

Gesellschaftliche Eliten werden von populistischen Strömungen als Feindbilder gebraucht. Sie sind schuld an der aktuellen Situation. Folglich sollten sie nichts mehr entscheiden dürfen und die Beschlüsse der Populisten akzeptieren. Durch die antipluralistische Haltung werden sie, ihre Vertreter und Anhänger ausgegrenzt.

Populismus funktioniert sehr gut. Die grundlegende Strategie ist dabei immer dieselbe. Es wird behauptet, dass nur eine einzige Ansicht wahr ist und diese bisher von den Eliten nicht anerkannt worden ist. Anschließend behaupten die Populisten, dass sie die Stimme des Volkes sind, und sprechen zu Beginn noch harmlose Themen an. Doch diese werden laufend verschärft, es werden gesellschaftliche Probleme hochstilisiert und neue Verantwortliche dafür gesucht. Die Anhänger bleiben, da sie die Hoffnung verspüren, von der Politik endlich verstanden zu werden und mitentscheiden zu können, unter anderem deshalb, weil Populisten oft von Volksbefragungen und Volksabstimmungen reden. Wie uns aber die politische Wirklichkeit zeigt, wollen die Populisten, wenn sie einmal an der Macht sind, von direkter Demokratie nicht mehr viel wissen, weil diese ihre Macht gefährden könnte.

Aktuell können wir einen Rechtsruck durch den Populismus weltweit beobachten. Dieser herrscht aufgrund von vielen Gründen. Einer davon ist die steigende Arbeitslosigkeit, kombiniert mit der Globalisierung. Die Menschen einer Nation sind arbeitslos und dann kommen auch noch neue „Konkurrenten" in ihr Land. Außerdem haben die Menschen Angst davor, ihre Macht zu verlieren und von den Zuwanderern überrannt zu werden.

*(297 Wörter)*

## B. Auszüge aus Schüler/innenarbeiten:

*1.*

[...] Professor Müller sagte in dem Interview, dass viele Menschen Populismus mit Verführung gleichsetzen würden, doch, meinte er, sei der zentrale Gesichtspunkt der Alleinvertretungsanspruch, den Populisten hätten. Eine gewisse Gruppe werde als „das Volk" bezeichnet und andere würden davon abgegrenzt. Daraus ergebe sich eine ausgrenzende Haltung gegenüber anderen Meinungen und politischen Gruppen, betonte Müller.
Die Rolle von gesellschaftlichen Eliten war für den Professor in dem Interview völlig klar. [...]

*2.*

[...] Professor Müller lehnt in dem Interview eine psychologisierende Perspektive ab. Man sei sehr schnell mit allen möglichen Gefühlen bei der Hand, die man Populismusopfern zuschreibe. Man missverstehe die Situation, wenn man sie als Frustrierte oder Verängstigte und allesamt ressentiment- und wutgeladen sehe. Sie seien auch keine Opfer von Demagogen, eine angeblich irrationale Masse mit Angst vor der Moderne. Dagegen versteht Müller unter Populismus, wenn jemand sich und seine Partei als die einzig legitimen Vertreter des wahren Volkes sieht. Entscheidend ist nicht eine antielitäre Haltung, sondern eine antipluralistische, so der Professor. [...]

*3.*

[...] Als Beispiel für die von Professor Müller beschriebene antipluralistische Haltung des Populismus kann Donald Trump genannt werden, der laut dem Experten gesagt haben soll, dass das einzig Wesentliche die Einheit des Volkes sei und dass alle anderen Menschen nicht zählen würden. Der Populist versteht sich als Vertreter genau *dieses einen wahren Volks wie auch das Beispiel des italienischen Politikers Pepe Grillo zeigt. Müller zitiert ihn mit den Worten „Ihr sagt, was los ist, und ich bin der Lautsprecher, ich bin der Verstärker". [...]*

**4.**

24 *[...] Laut dem Princeton-Professor Jan-Werner Müller macht den Populismus im Kern eine antipluralistische Haltung aus. Am Beginn sei eine populistische Bewegung meist gar nicht radikal. Sie spreche den Unmut an, den vielen wegen der gesellschaftlichen Vielfalt und der Veränderungen hätten. Viele Menschen sehen sich als Verlierer solcher Veränderungen, meint Prof. Müller. Populisten gingen von der Annahme aus, dass es das eine „wahre Volk" gebe, und vermittelten sich selbst als sein Sprachrohr. Wenn man genug Anhänger gefunden habe, würde man seine Positionen radikalisieren, ohne damit Anhänger zu verlieren. Entscheidend ist dabei, dass die Men-*
30 *schen in diesem Prozess entzweit werden, nämlich in „das Volk" und jene, die nicht dazugehören, so Müller. [...]*

**5.**

*[...] Auf die Frage der Interviewer, woran man einen Populisten erkenne, antwortet Jan-Werner Müller: „Daran, dass jemand behauptet, er und nur er beziehungsweise nur er und seine Partei seien die einzig legitimen Vertreter des wahren Volkes. Entscheidend ist nicht die antielitäre Haltung, denn Eliten kritisieren wir alle ständig. Ent-*
35 *scheidend ist eine antipluralistische Haltung."*

**6.**

*[...] Ähnliche Muster sind auch bei Populisten in Österreich und Deutschland zu erkennen. So war der bekannteste Slogan der rechts-populistischen PEGIDA „Wir sind das Volk". Eine klassische antipluralistische Haltung. [...]*

| Zusammenfassung – so nicht! | |
|---|---|
| **Bitte nicht:** | **Beispieltext(e):** |
| **1.** Kommentierung/Bewertung | |
| **2.** keinerlei Signal, dass es sich um Wiedergabe handelt | |
| **3.** zusätzliche Informationen, die in der Textbeilage nicht enthalten sind | |
| **4.** Beispiele | |
| **5.** langes wörtliches Zitat ersetzt eigenständige Formulierung | |
| **6.** falsches Tempus | |
| **7.** viele wörtliche Übernahmen; Zitate nicht gekennzeichnet | |
| **8.** unverbundene Aneinanderreihung einzelner Informationen | |

**9.6** **Variation zur Aufgabe 1 (Thema und Textbeilage sind gleich):**

**Aufgabe: Verfassen Sie eine Meinungsrede.**

**Situation:** *Sie nehmen an einem Jugend-Redewettbewerb teil. Dort halten Sie eine Meinungsrede mit dem Titel „Politik, wie sie sein soll". Ihre Zuhörer/innen sind die Jury, Jugendliche im Oberstufenalter sowie Lehrer/innen.*

Lesen Sie das Interview „Der Spuk geht nicht so schnell vorbei" aus „ZEIT Wissen", Nr. 5/2016 (Textbeilage 1).

Verfassen Sie danach Ihre Meinungsrede und bearbeiten Sie dabei die folgenden **Arbeitsaufträge:**
• Beschreiben Sie, was eine populistische Haltung ausmacht.
• Bewerten Sie populistisches Handeln in der Politik.
• Entwerfen Sie ein Szenario von Politik und politischem Handeln, wie sie sein sollen.

Schreiben Sie **540 bis 660 Wörter**. Markieren Sie Absätze durch Leerzeilen.

# MODUL 10: TEXTINTERPRETATION (ERZÄHLUNG)

**Thema: Literatur – Kunst – Kultur**
Brigitte Kronauer: „Dri Chinisin"

**Aufgabe 1**
**Verfassen Sie eine Textinterpretation.**

Lesen Sie die groteske Erzählung „Dri Chinisin" von Brigitte Kronauer (Textbeilage 1).

Verfassen Sie danach eine Textinterpretation. Bearbeiten Sie dabei die folgenden **Arbeitsaufträge**:
- Geben Sie die in der Geschichte dargestellten Situationen und Handlungen wieder.
- Untersuchen Sie Sprache und Denkweise des Ich-Erzählers.
- Charakterisieren Sie den Ich-Erzähler, seine Gruppe und ihr Verhältnis zur Umwelt.
- Deuten Sie die Geschichte als groteske Erzählung.

Schreiben Sie **540 bis 660 Wörter**. Markieren Sie Absätze durch Leerzeilen.

## Textbeilage 1:

## Brigitte Kronauer: Dri Chinisin

1 Tagsüber ahnt niemand was, nicht mal die Mütter tun es, wenn sie uns zärtlich aus ihren Autos schubsen, morgens vor dem Kindergarten, wo uns die Tanten in Empfang nehmen, uns, die Augensterne und kleinen
5 Juwelen. Augensterne, Augenweiden, hochwertige, noch ganz rundliche Lebewesen, von Kopf bis Fuß in rosigem und hellblauem Schimmer, die Haut reines Elfenbein wie das Firmament vor Sonnenaufgang, unsere Körperchen: prall geblähte Putten eines Rokokohimmels. Ist das ein
10 Geschnatter, Geschäker und Geschmatze, wenn unsere aufgekratzten Mütter einander treffen und in die Arme werfen! Jede liefert gerade ihr Einundalles ab. Dann folgt das Mordsgewinke und schließlich das Davonbrausen ohne uns.
15 Abgeholt werden wir ein paar Stunden später natürlich auch, alle und immer. Was die Mütter in der Zwischenzeit treiben, das wissen wir kleinen Diamanten und Alibis nicht, sind aber unsererseits und unterdessen kaum schmutzig geworden. Die guten Tanten achten darauf,
20 dass unser niedliches, zum Spaß zerfranstes und ausgeblichenes, aber sehr teures Zeug möglichst ohne Flecken bleibt. Obschon der Schaden unseren Müttern, denen wir süß zu Gesicht stehen und die an uns doch dann so gern was Drolliges aus den Schaufenstern spielerisch
25 ausprobieren, überhaupt nichts ausmachen würde. Da hätten sie einen Grund, uns rasch die allerneueste Mode überzustülpen, damit wir in unserer Mannschaft der Kleinsten keine Verlierer sind. Bloß nicht!
Nein, wir können nicht sagen, was diese langbeinigen
30 Mütter während des Vormittags eilig oder müßiggängerisch ohne uns treiben. Sie allerdings, die von uns restlos begeisterten Mammas, glauben alles zu wissen über uns, das putzige, gehätschelte Völkchen, da unser Alter noch so ein zartes ist, alle Taschentücher bekannt, jeder
35 unserer winzigen Zehennägel von ihnen begutachtet und verwöhnt. Sie lehnen an den großen Autos, sie rufen uns bei unseren mehrfachen und halsbrecherischen Namen um die Wette, manche von uns sind sogar kleine Baro-

nessen und allerliebste Grafen, bei denen ist es am tolls-
40 ten mit dem vielen „von" und „auf" und „zu". Komme was wolle, uns alle erwartet, wenn wir so ostereiergleich und kükenproper und wie in Seidenpapier gewickelt im gepolsterten Nest des Kindergartens verwahrt sind, eine flauschige Zukunft, auch wenn uns unsere Mütter zu
45 ihrem Spaß als Cowboyzwerge und aufwendig verpackte Landstreicherchen verkleidet haben.
Manchmal wandern wir in unseren Plastikcapes unter pfiffigen Kunststoffmützen in einer Doppelreihe, artige Lausejüngelchen, immer zu zweit angefasst. Hinaus in
50 die Welt! Wir singen unser Lieblingslied: „Dri Chinisin mit dim Kintribis". Die angestaubten Erwachsenen und die hässlichen alten Leute halten uns, wie geblendet vor ihren Villen stehenbleibend, zunächst für einen reizenden Trupp von Schäfchenwolken oder Gummibärchen
55 oder für eine rosige und babyblaue Schmusetierprozession. Wir kleinen Glücksbomben singen das Lied im Marschrhythmus, das bilden wir uns jedenfalls ein, und stampfen wie wutentbrannt auf den Boden dabei. Wutentbrannt? Warum denn das? Jetzt wird es plötzlich
60 schwierig, denn wir wissen nicht, ob wir wissen warum. Wir lassen uns weiden und hüten von unseren guten Hirtinnen, sammeln, damit wir lernen, Gutes zu tun, Kastanien für das dumme Wild im Gehege und um Männlein zu basteln und knirschen mit den Zähnen. Auch unser
65 entzückender Nachbar, dessen Händchen wir halten sollen, knirscht. Dann singen wir wieder „Dra Chanasan" undsoweiter.
Unsere guten Tanten führen uns auf den freundlichen Friedhof, und wie von selbst stapfen unsere Beinchen
70 dorthin und bringen das fröhliche unanfechtbare Leben zu den Toten. Hier ist alles rechtwinklig und aus den fast schwarz schattigen Gängen fallen grelle Lichtschneisen, in denen das Grün – fast könnte man stolpern über diese Lichtbalken quer auf den Wegen – glüht wie von
75 innen, aus dem Boden heraus. Wir aber marschieren zu einem Grab unter einem Busch, der ganz behängt ist

mit Spielzeug und verrücktesten Fähnchen. Hier liegt nämlich eine von uns. Selbst Luftballons gibt es dort, als würde eine Geburtstagsparty mit allem Drum und
80 Dran – das ist hier üblich auch bei kleinsten Kindern – und überdrehten Müttern im Hintergrund gefeiert. Wir stehen im Kreis, legen ein gebasteltes Männlein zu den Sachen und stellen uns den kleinen Engel Henriette von Hugo, Mutter: eine geborene Cardinal von Widdern, vor,
85 mit rosa Regenstiefelchen in der schmutzigen Erde im Hückchen, ganz sauber in ihrem Grabhäuschen. Der Totendreck schadet ihr nicht.
In der Nähe des Eingangs wacht eine riesige weiße Figur mit ausgebreiteten Armen. Es soll Jesus sein, der
90 Christus. Einer von uns kann schon lesen. Er behauptet, unter den Füßen des Weißen stünde der Satz: „Lasset die Kindlein zu mir kommen". Wollen wir Kindlein aber? Wir singen lieber, leise, damit die Tanten es nicht hören: „Dre Chenesen met dem Kentrebeß" und stampfen wut-
95 entbrannt auf und werden, weil die Wege so gerade und schnursteif sind, immer ausgelassener. Wenn es nach uns ginge, würden wir noch länger bleiben und wie Züge in den Geleisen rasen und zusammenstoßen an den Kreuzungen. Der Oberpolizist, der den Verkehr regelt,
100 wäre der Weiße.
Die Tanten kriegen jedoch unseren Gesang erschrocken mit und leiten uns schleunigst von den Gräbern weg. Wir protestieren nicht. Das hat seine Gründe, die weder sie noch unsere blöden Mütter kennen, die vom Friedhof
105 nicht gern hören, die Augen verdrehen und uns sofort puppenblank baden.
Wollen wir wutentbrannten Kindlein aber?
Wir sehen kurz vor dem Ausgang den Weißen, und wenn wir fast lautlos singen: „Kim die Pilizi: Ji, wis is dinn dis?"
110 wissen wir, dass der Oberpolizist unser Losungslied versteht, so wie wir seine Inschrift, die da hingeschrieben wurde oder nicht, kapiert haben.
Und ob wir wutentbrannten Kindlein wollen! Wollen mehr als wir sollen.
115 Das große eiserne Friedhofstor wird unbegreiflicherweise jede Nacht weit offen gelassen. Wer dort im Finstern vorübergeht, der nimmt als erstes den Geruch wahr, der sich zwischen den steinernen Türpfosten auf die Straße drängt, eine schwarze, schwangere Wolke, immer wär-
120 mer als die umgebende Luft, die ihm auf den Kopf haut und in die Knie. Wer nicht Reißaus nimmt, der ist fällig, betäubt vom dunkel mulmigen Duft der Erde, der Pflanzen, der ... pst, pst! Es ist das sich wälzende Aroma des Organischen, Verweslichen, eine Woge, die dem einsa-
125 men, dem ziemlich wehrlosen Passanten entgegenstürzt und ihn überrollt.
Dann sieht er den unheimlichen weißen Mann, den gespenstischen Jesus. Lasset die Kindlein zu mir kommen? Wir raten keinem Kind und keinem Erwachsenen,

sich ihm so ohne weiteres zu nähern. Wir wissen, wovon 13 wir reden, wir, die entzückenden Modergeistchen, wir, das kleine, bonbonfarbene Geisterheer, das tagsüber immer noch artig und täuschend im Kindergarten und bei den doofen, langbeinigen Müttern Dienst tut, aber längst hier zu Hause ist, zwischen den nächtlichen Gräbern und 13 sich nicht mehr graust vor den weißen Flügelarmen des Verführers, die uns manchmal sehr, sehr nahe kommen und dann als ein Qualm und Nebeldunst zurückweichen und für ein Weilchen, man kann nie sagen, für wie lange, die unbeweglich ausgebreiteten Arme vom Christus sind. 14 Wir fürchten uns nicht mehr, wir versammeln uns hier jede Nacht zu den Umzügen der verwöhnten Kinder. In Rosa und hellem Blau, in unseren kreuzfidelen Farben treffen wir ein, wenn die dämlichen Mütter schlafen und den üblichen Humbug träumen. Ihre niedlichen living 14 dolls aber sind unterwegs in der schwül feuchten Friedhofsluft, im pechschwarzen Hauch der Grüfte und ihrer aufgehäuften Rosen und Lilien zu jeder Jahreszeit mit den Schärpen, mit den Fransen und Widmungen, die der Regen durchweicht und auslöscht. Wir erschnüffeln die 15 frischen Gräber sofort, diese schwermütigen Blumentrümmer hoch aufgetürmt und schon verfallend. Zuerst meint man, hier hätten sich Witwen in prunkvollen Kleidern über die Gräber geworfen, um so vor Leid zu vergehen. Leider nicht. Wir schwankenden kunterbunten Gno- 15 me in unseren teuren Cowboyjeans und bodenlangen Biedermeierkleidchen sind hier, der Örtlichkeit angemessen, freilich totenbleich. Unsere Elfenbeinhaut, die unsere idiotischen Mütter mit ausgesuchten Lebensmitteln bei uns erzielen und die ein Zeichen unseres Standes 16 ist, muss hier allnächtlich die Blässe von Verstorbenen annehmen. Das steigert nur unsere wilde Lebenslust, wenn wir irrlichtern in strengster Formation, Händchen in Händchen im Gräbergarten, wegauf, wegab. Auch unser Rosa und Blau ist hier abgeschwächt, so wie die 16 Kornblumen und Nelken der Kränze im Dunkeln sachter, beinahe grau erscheinen. Wenn jemand wüsste, wie ausgelassen wir sind! Losgelassen und ausgelassen. Manchmal vertauschen wir die Grableuchten und den Blumenschmuck. Dem Weißen ist es egal. Ihm gefällt 17 das zarte, wahnsinnige Treiben von uns Kleinen, wie wir huschen und ausschwärmen und uns beschmutzen in der Nässe. Ihm gefällt unser Liedchen. Wir singen es genauso, Wort für Wort, am Morgen unseren frisch geduschten, wohlriechenden Müttern in ihren weichen 17 Frotteetüchern vor, das Verschen, wo die Polizei fragt, was das ist, und wir antworten, sie aber merken nicht die Spur, erwittern nicht das Geringste an uns: „Dri Chinisin mit dim Kintribiss".
Und sie, die Törichten, glauben, es liefe alles nach ihrem 18 Sinn und würde immer, immer so bleiben!

*Quelle: Brigitte Kronauer: Die Tricks der Diva. Ditzingen: Reclam 2004.*

**INFOBOX**

**Brigitte Kronauer** (* 1940): eine deutsche Autorin.

**Die Erzählung „Dri Chinisin"** ist Teil der Sammlung „Die Tricks der Diva", erschienen 2004.

**„Dri Chinisin":** Beginn einer Strophe des Kinderliedes „Drei Chinesen mit dem Kontrabass":

> Drei Chinesen mit dem Kontrabass
> saßen auf der Straße und erzählten sich was.
> Da kam die Polizei: „Ja was ist denn das?"
> Drei Chinesen mit dem Kontrabass.

> Die Strophen werden gebildet, indem jeweils alle Vokale und Diphthonge des Lieds durch einen einzigen Vokal bzw. Diphthong ersetzt werden, also „Dra Chanasan ...", „Dre Chenesen", „Dri Chinisin ..." etc.

**Das Groteske:** Typisch für das Groteske ist, dass Gegensätzliches, scheinbar Unvereinbares miteinander verbunden wird. Dadurch entsteht eine seltsam-fantastische, verzerrte, oft auch humoristisch-karikierte Welt, die absurd oder schaurig wirkt, in der die Realität ins Lächerliche, Sinnlose, Monströse kippt.

**10.1**

**Verfassen Sie einen Text entsprechend der RDP/RP-Aufgabe 10.**
Schreiben Sie in eigenen Worten, ohne allzu viel vom Schüler/innenbeispiel unten zu übernehmen. Am besten wäre, das Beispiel unten erst später zu lesen.

## Textinterpretation (Schüler/innenarbeit):

*Die lieben kleinen Monster*
*Textinterpretation der Erzählung „Dri Chinisin"*

*Das Verhalten von Kindern erscheint Vielen oft unerklärlich; einmal sind sie wie kleine Engel, im nächsten Augen-* 1
*blick stellen sie alles auf den Kopf. Die kurze Erzählung „Dri Chinisin" von Brigitte Kronauer, welche 2004 veröf-*
*fentlicht wurde, geht genau davon aus. Es wird die Situation einer Gruppe von Kindergartenkindern dargestellt;*
*wie sie von ihrer Umwelt* scheinbar *wahrgenommen werden und wie sie sie wahrnehmen. Morgens werden die*
*Kleinen von den Müttern zum Kindergarten gebracht und die Erzieherinnen passen dann tagsüber auf sie auf. Die* 5
*Mütter wollen den Kindern vor allem mit Materiellem, eine sorglose Zeit ermöglichen, da sie selber unter Tags*
*nicht viel Zeit für ihre Sprösslinge haben. Die Kindergartengruppe spaziert mit den Erzieherinnen oft auch zum*
*Friedhof um dort das Grab einer verstorbenen Freundin zu besuchen. Die Welt scheint allezeit heil und schön zu*
*sein, doch in der Nacht werden die Kinder selbstständig, und* betreiben *am Friedhof unbeaufsichtigt ihr Unwesen.*

*Besonders auffallend an der Geschichte ist die Sprache und die Denkweise des Ich-Erzählers. Es wird schnell klar,* 10
*dass es sich um ein Kindergartenkind handeln muss, jedoch lässt das die Sprache nicht vermuten. Der Erzähler*

verfügt über einen erstaunlich großen Wortschatz, und verwendet einen ebenso gut entwickelten Satzbau. Welches Kleinkind könnte schon von sich und seiner Gruppe als „prall geblähte Putten eines Rokokohimmels" (Z. 9) sprechen, die „irrlichtern" (Z. 163), von Müttern, die etwas „müßiggängerisch" (Z. 30) treibten, oder einen Stab-
15 reim wie „Geschnatter, Geschäker und Geschmatze" (Z. 10) formulieren? Auch eine Reihe von Wort Neuschöpfungen, wie „Schmusetierprozession" (Z. 55), „Glücksbomben" (Z. 56) oder „puppenblank" (Z. 106) zeigt die unrealistische Sprachgewandtheit des Erzählers. Das selbe gilt für den Satzbau, den verwendete Sätze wie „Ihre niedlichen living dolls aber sind unterwegs in der schwül feuchten Friedhofsluft, im pechschwarzen Hauch der Grüfte und ihrer aufgehäuften Rosen und Lilien zu jeder Jahreszeit mit den Schärpen, mit den Fransen und Widmungen,
20 die der Regen durchweicht und auslöscht" (Z. 145 ff.) sind einem Kleinkind nicht zuzumuten.

Die Sprache des Erzählers ist zudem äußerst bildkräftig. Sie enthält jede Menge an Metaphern – etwa die Kleinen als „Diamanten" (Z. 17), „Modergeistchen" (Z. 131), „Geisterheer" (Z. 132) und „living dolls" (Z. 145) – und Vergleichen, z. B. „wie das Firmament vor Sonnenaufgang" ( Z. 8) und „so ostereiergleich und kükenproper und wie in Seidenpapier gewickelt im gepolsterten Nest des Kindergartens verwahrt" (Z. 41 ff.). Eine Anspielung auf
25 die Sprache der Bibel („Wir lassen uns weiden und hüten von unseren guten Hirtinnen", Z. 61 f.) kann man ebenso finden, wie das Oxymoron („artige Lausejüngelchen", Z. 48 f.) und die Synästhesie („pechschwarzer Hauch", Z. 147).

Was ebenfalls heraussticht ist die Art, wie der Erzähler denkt. Abgesehen davon, dass er immer nur in der Wir-Form spricht, sich selber also ganz zurück nimmt und die Gruppe, die er auch als „Heer" (Z. 132) und als „Trupp"
30 (Z. 54) bezeichnet, in den Fordergrund rückt, erwartet man von einem 3 bis 5-Jährigen keine ausgeklügelte Logik. Kinder diesen Alters leben normalerweise in den Tag hinein, weil sie es nicht anders kennen. Dieser Ich-Erzähler aber ist dazu fähig, sich von sich selber zu distanzieren, sich selber aus der Sicht der Erwachsenen zu sehen. Damit nicht genug, er versteht es sogar schon, sich in seinen Gedanken ironisch und sarkastisch, ja sogar herablassend über die seiner Ansicht nach dummen Erwachsenen zu äußern. Besonders viel Fett bekommen die Mütter
35 ab, die nicht nur als oberflächliche Tussis geschildert werden, und im Leben eigentlich nicht viel zu tun haben. Sie werden auch als „blöd" (Z. 104), „doof" (Z. 134), „dämlich" (Z. 144) und „idiotisch" (Z. 159) bezeichnet – in dieser Reihenfolge. Darüber hinaus werden sie als wohlhabende Frauen dargestellt, die dem Klischee entsprechen, das wir aus Modezeitschriften und von Plakatwänden kennen. Und der kleine Ich-Erzähler durchschaut das alles!!

Den Erzähler von „Dri Chinisin" sollte man sich daher nicht realistisch vorstellen. Hier wird scheinbar Unverein-
40 bares miteinander verbunden und maßlos überzeichnet. So wird das Groteske beschrieben. Dazu gehört auch, dass etwas Realistisches ins Monströse kippt, wie z. B. die Kleinen in der Erzählung, die wirklich wie kleine, bleiche Monster wirken, wenn sie nachts auf den Friedhof ziehen.

Interessanterweise spricht der Erzähler nur von „wir" und den „denen", den Müttern, Erzieherinnen und sonstigen Erwachsenen. Nirgends kommt ein Einzelner vor. Es gibt für ihn also nur die Gruppen, keine Individuen. Auch in
45 seiner Gruppe gibt es außer der Verstorbenen auf dem Friedhof keine Einzelnen, die herausstechen würden. Er unterscheidet nur zwischen Jungen und Mädchen, indem er von blau und rosa spricht. In der im Text dargestellten Welt ist also alles gleichgemacht.

Die aufgezeigten Beispiele lassen schon darauf schließen, wie der Ich-Erzähler über seine Umwelt spricht und denkt. Aus seiner Sicht, weiß er alles, vor allem wie die Mütter über ihre Kinder denken, dabei aber keine Ahnung
50 von der Wirklichkeit haben. Der Erzähler lässt es so erscheinen, dass er und seine Truppe die Fäden in der Hand hat. Um diese nicht zu „verlieren", verhalten sie sich brav und unauffällig gegenüber den Erwachsenen, genauso wie die Mütter ihre Sprösslinge laut deren Meinung nach haben wollen (vgl. Z. 180 f.: „Und sie, die Törichten, glauben, es liefe alles nach ihrem Sinn und würde immer, immer so bleiben!").

Laut Erzähler sind alle Erwachsenen in seiner Umwelt reich, nobel und dumm genug, um sie zu übergehen. Alles
55 was man dafür tun muss, ist es den Schein zu wahren. Die Truppe rottet sich dank dieser Methode Nacht für Nacht zusammen, und zieht dann ihr eigenes Ding durch (vgl. Z. 141 f.: „Wir fürchten uns nicht mehr, wir versammeln uns hier jede Nacht zu den Umzügen der verwöhnten Kinder.").

Ausgesprochen interessant ist der Titel des Textes. Mit „Dri Chinisin" verbindet man sofort das bekannte Kinderlied, indem es heißt: „Drei Chinesen mit dem Kontrabass / saßen auf der Straße und erzählten sich was. / Da
60 kam die Polizei: ,Ja was ist denn das?' / Drei Chinesen mit dem Kontrabass." Dieser Liedtext wird in der Geschichte als „Losungslied" (Z. 110) bezeichnet, welches nur von den Kindern und dem großen, weißen Engel verstanden

*Sascha Hommer: Dri Chinisin. Nach Erzählungen von Brigitte Kronauer. Berlin: Reprodukt Verlag 2011. (Auszug)*

*wird. Dabei freut sich die Kindergartentruppe immer wieder, wenn sie bemerkt, dass die Erwachsenen von nichts ahnen, genauso wie die Polizei im Lied, von nichts ahnt (Z. 176 ff.: „...., wo die Polizei fragt, was das* 65 *ist, und wir antworten, sie aber merken nicht die Spur, erwittern nicht das Geringste an uns: ‚Dri Chinisin mit dim Kintribiss'.“). So sinnlos, wie der Text des Liedes eigentlich ist, dürfte die Welt sein, in der die Kinder leben. Vielleicht ist es deshalb ihr Losungslied. Und vielleicht sind sie deshalb „wutentbrannt“ (Z. 58, 94, 107, 113).* 70 *Ihnen selbst ist der Grund von ihrer Wut aber nicht bewusst: „Wutentbrannt? Warum denn das? Jetzt wird es plötzlich schwierig, denn wir wissen nicht, ob wir wissen warum“ (Z. 59 f.).*

*Die Geschichte deutet darauf hin, dass in der heutigen* 75 *Welt kein Sinn mehr zu sehen ist, weil alles auf Oberflächlichkeiten wie Mode, Kleidung und Status hinausläuft. Dafür stehen die Mütter in der Geschichte, die außerdem ständig künstlich aufgeregt wirken. Niemand kapiert etwas. Unter der Oberfläche jedoch, brodelt* 80 *es, wie die Kinder zeigen. Sie spielen das Spiel mit, sie sind aber zornig. Allerdings kennen sie den Grund für ihre Wut nicht, weshalb ihr Protest auch ein Bisschen lächerlich ist. Denn auf dem Friedhof „die Grableuchten und den Blumenschmuck“ (Z. 169 f.) zu vertauschen ist* 85 *vielleicht ein Lausbubenstreich, aber nicht mehr.*

*Um das alles zu verdeutlichen wird in dem Text eine sehr scharfe Ironie und ein durchdachter Sarkasmus verwendet. Diese Stilmittel wirken gewollt grotesk auf den Leser und hebt so die Thematik besonders gut hervor. Das Groteske verhilft so dem Text, der vermeintlich heilen Welt ein wahres Gesicht aufzusetzen. Denn würde man den Erzähler der Geschichte beim Wort nehmen, so müsste man vermuten, er sei ein Genie.* 90

*(1266 Wörter)*

---

**10.2**

Folgen Sie dem Generalauftrag und korrigieren Sie den Schüler/innentext oben in Bezug auf Rechtschreibung, Grammatik und Zeichensetzung.
Ausdrucksfehler sind grau markiert. Korrigieren Sie auch diese.

**10.3**

**Analysieren und bewerten Sie die Schüler/innenarbeit nach folgenden Gesichtspunkten:**

**A. Inhalt:**
   a) Stellen Sie zu jedem Arbeitsauftrag fest, wie gut er erfüllt worden ist.
   b) Die Arbeit ist etwa doppelt so lang wie gefordert. Das ist erlaubt. Aber gewinnt die Arbeit dadurch? Oder enthält sie „leere Kilometer“? Begründen Sie Ihre Position.

**B. Textstruktur:**
   Kennzeichnen Sie von Z. 28 bis 38 die sprachlichen Mittel, mit denen Kohärenz hergestellt wird.

**C. Stil/Ausdruck:**
   a) Z. 10 bis 27 wirken zunehmend schwer verständlich. Identifizieren Sie Gründe dafür.
   b) Überlegen Sie, wie es möglich ist, Textbelege so anzuführen, dass die Verständlichkeit nicht wesentlich darunter leidet.
   c) In Z. 39 bis 42 wird offensichtlich die angeführte Zusatzinformation verwendet. Formulieren Sie den Text so um, dass keine wortwörtlichen Übernahmen ganzer Phrasen mehr bestehen.

**D. Die Textsorte insgesamt:**
   Identifizieren Sie Stellen in der Arbeit, die eine zugrunde liegende Textanalyse deutlich erkennen lassen.

*Sascha Hommer: Dri Chinisin. Nach Erzählungen von Brigitte Kronauer. Berlin: Reprodukt Verlag 2011. (Auszug)*

**10.4** Schreiben Sie den 10. Absatz der Schüler/innenarbeit oben um (Z. 75 bis Z. 86).
Erklären Sie darin Herkunft und Bedeutung des Titels der Erzählung, ohne den Text des Kinderlieds zu zitieren.

**10.5** Schreiben Sie die Schüler/innenarbeit ab dem 10. Absatz (Z. 75) um, indem Sie anstatt des vierten Arbeitsauftrags folgenden Arbeitsauftrag bearbeiten:
- Vergleichen Sie die Erzählung und deren Umsetzung als Comic (vgl. die Bilder von Sascha Hommer in diesem Modul) im Hinblick darauf, wie das Groteske dargestellt wird.

# MODUL 11: MEINUNGSREDE

**Thema: Bildung**
Was wir lernen sollen

**RDP/ RP 11**

**Aufgabe 1**
**Verfassen Sie eine Meinungsrede.**

**Situation:** *Sie sind ausgewählt worden, bei der diesjährigen Maturafeier für alle Maturantinnen und Maturanten Ihrer Schule eine Rede zu halten. Sie haben sich für das Thema Bildung entschieden und wollen dabei die (Aus-)Bildung an Ihrem Schultyp grundsätzlich reflektieren. Dazu halten Sie eine Meinungsrede mit dem Titel „Was es sich zu lernen lohnt". Ihr Publikum sind der/die Vorsitzende der Matura, der Direktor/die Direktorin, die Maturantinnen/Maturanten sowie deren Angehörige.*

Lesen Sie den Auszug aus Konrad Paul Liessmanns Essayband „Bildung als Provokation" (Textbeilage 1).

Verfassen Sie danach Ihre Meinungsrede. Bearbeiten Sie dabei die folgenden **Arbeitsaufträge:**
* Erschließen Sie die in der Textbeilage geäußerte Kritik und die implizit enthaltene Forderung.
* Vergleichen Sie die in der Textbeilage vertretene Sicht von Bildung mit der (Aus-)Bildung an Ihrem Schultyp.
* Setzen Sie sich mit der Frage auseinander, was höhere schulische Bildung leisten soll.
* Bewerten Sie die Bildung an Ihrem Schultyp vor dem Hintergrund der Kritik in der Textbeilage.

Schreiben Sie **540 bis 660 Wörter.** Markieren Sie Absätze durch Leerzeilen.

**Textbeilage 1:**

Konrad Paul Liessmann

## Belesenheit

Literarische Bildung als Provokation

1 Anfang des Jahres 2015 sorgte die Twitter-Nachricht einer Gymnasiastin in Deutschland bundesweit für Aufregung, sogar die Bundesbildungsministerin Johanna Wanka sah sich zu einer zustimmenden Stellungnahme
5 genötigt. Was hatte die junge Frau unter dem Decknamen Naina geschrieben: „Ich bin fast 18 und hab keine Ahnung von Steuern, Miete oder Versicherungen. Aber ich kann 'ne Gedichtsanalyse schreiben. In 4 Sprachen." Die Debatten über die Sinnhaftigkeit klassischer und
10 humanistischer Bildung angesichts der Notwendigkeiten des Lebens in einer modernen Gesellschaft flackern seitdem immer wieder auf. Dass an Schulen nicht das gelernt wird, was man zum Leben so braucht, ist allerdings ein Vorwurf, der pädagogische Einrichtungen seit
15 der Antike begleitet. Nur lernen, was man auch sofort anwenden kann? Nur lernen, was nützt? Nur lernen, was der eigenen Situation und Bedürfnislage entspricht? Ist es das, was wir unter Bildung verstehen wollen? Und liegt das Problem nicht darin, dass Bildung ohnehin seit
20 langem eher an den Erfordernissen der Märkte und den Bedürfnissen der Kinder und Jugendlichen als an vermeintlich antiquierten Inhalten und angeblich unbrauchbaren Kenntnissen gemessen wird? Trug Naina mit ihrem Tweet nicht Eulen nach Athen? (Hoffentlich kennt
25 sie diese Wendung und ihre Geschichte noch.) Nutzloses Wissen. Ja, dieses kennzeichnet den Gebildeten, und dieses ist von Übel. Dass Schüler Gedichte interpretieren können, aber beim Ausfüllen der Steuererklärung versagen – das ist offenbar der Albtraum jeder
30 modernen Bildungsministerin. In der Schule darf es

deshalb keine kontextfreien Wissensfragen mehr geben, „Faktenwissen" ist zu einem – übrigens verräterischen – Unwort geworden, so, als sollten lieber Meinungen und Ideologien vermittelt werden. Situations- und intentions-
35 adäquat müssen etwa die kompetenzorientierten Fragestellungen der Reifeprüfung sein, Kenntnisse, die nicht zur Lösung eines Problems beitragen, gelten als unangemessen und verzichtbar. Dass solch eine Entwertung des Wissens in einem Zusammenhang steht mit dem
40 seit einiger Zeit gerne beklagten postfaktischen Zeitalter, fällt denjenigen, die bislang alles für eine soziale Konstruktion hielten und nun die empirische Wahrheit neu für sich entdecken, gar nicht mehr auf.
Aber auch kulturelle und ästhetische Traditionen dürfen
45 nicht mehr gelehrt werden; jeder Kanon steht im Verdacht, die postulierte Gleichwertigkeit aller kulturellen Erzeugnisse in Frage zu stellen, die Lust an alten Sprachen und an der Schönheit der Mathematik wird durch Praxisorientierung gehörig sabotiert, und die Lektüre
50 von Texten, die nicht dem Erwerb problemlösungsorientierter Kompetenzen untergeordnet werden können, ist verpönt.
Literarische Bildung, die einst im Zentrum der Curricula der höheren Schulen stand, ist – nicht nur dort –
55 zu einem Fremdwort geworden. Dass aber nahezu jede Form vor allem ästhetischer, literarischer oder sprachlich-historischer Kenntnisse gerne als bildungsbürgerlich denunziert wird, gilt nicht nur der Kritik an einem sozialen Habitus, sondern auch einer bestimmten
60 Idee von Bildung. Sofern sich diese – wenn auch nicht

ausschließlich, so doch zentral – an kanonischen literarischen Texten orientierte, gilt sie als obsolet. Die schöne Literatur, wie avanciert auch immer, führt nur noch ein Schattendasein in den Curricula, in den Bildungsdis
65 kursen, in denen es von Kompetenzen nur so wimmelt, spielt sie keine Rolle mehr. [...]
Kompetenz zielt immer auf ein Können, eine Anwendung, die Lösung eines Problems. Was immer dazu auch eingesetzt wird, an welchen Inhalten dieses Können
70 erworben wird – alles wird in Bezug auf dieses Können notwendigerweise als Mittel zu interpretieren sein, das durch andere, ähnlich funktionale Mittel auch substituiert werden kann. Die literaturbezogenen Kompetenzen des Deutschunterrichts etwa wie Textverständnis, Analy
75 sefähigkeiten, historisch-systematische Kontextualisierungen, Vergleich unterschiedlicher Schreibstrategien erscheinen als Ziele und Praktiken, die im Umgang mit mehr oder weniger beliebigen Texten erreicht und geübt werden können, und nicht als methodisches Rüstzeug,
80 um jene Texte, die wir für unverzichtbar halten, zu lesen und zu verstehen. Die Frage, welche Bedeutung unter

diesen Bedingungen eine literarische Bildung überhaupt noch spielen kann, stellt sich damit in verschärfter Weise.
Literarische Bildung war immer schon umstritten. Die 85 Reduktion auf eine Literaturgeschichte, die sich damit begnügte, Epochen zu konstruieren und ihnen Autoren und Werke beizuordnen, vermochte ebenso wenig zu befriedigen wie das Lernen der Inhaltsangaben, wie sie sich in diversen Literaturlexika fanden. Andererseits war 90 der literarisch versierte Mensch nicht nur einer, der in einem bestimmten Segment kultureller Produktion exzellente Kenntnisse aufwies, sondern er galt auch in einem exemplarischen Sinn als gebildet. Belesenheit war einmal nahezu ein Synonym für einen avancierten Bildungs 95 anspruch, und dieser wiederum forderte geradezu ein Nahverhältnis zu ganz bestimmten Büchern und Texten. Belesenheit erschöpfte sich gerade nicht in einer wie immer ausgereiften und artikulierten Texterschließungskompetenz, sondern verblüffte immer wieder damit, was 10 alles gelesen worden war.
Belesenheit war und ist deshalb eine Provokation. [...]

*Quelle: Konrad Paul Liessmann: Bildung als Provokation. Wien: Zsolnay 2017.*

---

**INFOBOX**

**Konrad Paul Liessmann:** emeritierter Professor am Institut für Philosophie der Universität Wien, Essayist und Kulturpublizist; zahlreiche Veröffentlichungen.

Der Essayband „Bildung als Provokation" erschien 2017.

---

**11.1** **Verfassen Sie einen Text entsprechend der RDP/RP-Aufgabe 11.**
Schreiben Sie in eigenen Worten, ohne allzu viel vom Schüler/innenbeispiel auf der nächsten Seite zu übernehmen. Am besten wäre, das Beispiel erst später zu lesen.

## Meinungsrede (Schüler/innenarbeit):

*Schulbildung – ein Balanceakt*

*Sehr geehrte Damen und Herren, liebe Maturantinnen und Maturanten, es war ungefähr eine Woche vor der Deutsch Matura als ich einen alten Freund getroffen habe. Wir gingen zusammen in die Hauptschule und haben uns seither nicht mehr gesehen. Ich erfuhr, dass er gleich danach eine Lehre als Koch gemacht hat und nun für ein bekanntes Salzburger Restaurant arbeitet. Auch ich erzählte ihm von meinen bisherigen Erlebnissen und von* 5 *der anstehenden Deutsch Matura auf die ich mich gerade vorbereitete. Als ich fertig war schaute er mich verdutzt an und fragte mich was es denn für einen Sinn mache stundenlang an Textinterpretationen und Erörterungen zu sitzen, wenn ich dieses Wissen und Können in der Welt außerhalb der Schule nie wieder brauchen würde. Ich überlegte kurz, aber mir fiel beim besten Willen nichts ein, was ich ihm entgegnen konnte. Hatte er recht? Macht Schulbildung nur Sinn, wenn sie auch in der „realen" Welt genutzt werden kann?* 10

*Der Autor und Professor für Philosophie Konrad Paul Liessmann hat sich in seinem Essayband „Bildung als Provokation" ebenfalls mit dieser Frage auseinandergesetzt. Er kritisiert die zunehmende Abnahme der humanistischen Bildung im Schulwesen sowie die derzeitige Schulbildung, die sich – seiner Ansicht nach – nur mehr auf Kompetenzen und die Lösung von Problemen konzentriert. „Zurück zur klassisch-humanistischen Bildung" ist da-* 15 *her seine Forderung und weg von „kompetenzorientierten Fragestellungen der Reifeprüfung", die „situations- und intentionsadäquat" sein müssten – und die natürlich auch an unserer Schule verwendet werden. Liessmann weist also die Kompetenzorientierung zurück und will stattdessen mehr traditionelle, humanistische Bildung sehen. Aber ist es wirklich sinnvoll sich nur auf eine Art der Bildung zu beschränken?*

*Wie so oft im Leben, gibt es nicht den einen richtigen Weg, es gilt vielmehr, die sogenannte „goldene Mitte" zu* 20 *finden. Denn sowohl die Orientierung an Kompetenzen, als auch die klassisch-humanistische Bildung haben ihre Vorzüge – und Schattenseiten. Unsere Schule ist ein gutes Beispiel dafür, dass sich diese zwei Auffassungen von Bildung keineswegs ausschließen. Ganz besonders gut konnte man dies im Deutschunterricht beobachten, Stichwort „Kulturportfolio". Fünf Jahre lang verfolgte uns dieser Begriff, der mit der Zeit für einige von uns zu einem Synonym für harte, bis spät in die Nacht andauernde Arbeit wurde. Aber gleichwohl schaffte es das Kultur-* 25 *portfolio, uns mit Themen wie Literaturgeschichte, Kunst und Kultur vertraut zu machen. Ganz ohne „intentionsadäquate Fragestellungen" oder einen situativen Kontext bekamen wir die Möglichkeit „ein Nahverhältnis zu ganz bestimmten Büchern und Texten" aufzubauen, wie Liessmann es in seinem Essay fordert.*

*Nun könnte man aber meinen, dass diese Art der Bildung in einer Handelsakademie nichts verloren habe, da es sich, wie der Name schon sagt, um eine Akademie für betriebswirtschaftliche und kaufmännische Fähigkeiten* 30 *handelt, in der Kompetenzen und praxisnaher Unterricht an erster Stelle stehen sollten. Aber das ist nur die halbe Wahrheit. Mit dem Abschluss der fünfjährigen Ausbildung durch die Reife- und Diplomprüfung sollen neben den praktischen Fähigkeiten auch die Persönlichkeitsbildung und das Allgemeinwissen gefördert werden, um das angestrebte, höhere Bildungsniveau zu erreichen. Denn Bildung bezeichnet ebendiese Formung des Menschen zu einer Persönlichkeit, die sich durch besondere geistige, psychische, soziale und kulturelle Merkmale auszeichnet.* 35 *Dadurch unterscheidet sich die Bildung maßgeblich von der Ausbildung, die ausschließlich das Ziel hat Fertigkeiten und Wissen zu vermitteln damit man eine bestimmte Tätigkeit oder einen Beruf ausüben kann. Das beste Beispiel ist mein ehemaliger Schulkollege: Er hat sich dazu entschieden eine Ausbildung anzutreten, nämlich die als Koch. Und ich wage zu behaupten, dass ihm in seiner gesamten Ausbildung der Begriff „Kulturportfolio" noch nie untergekommen ist. Aber das zurecht, denn er hat einen anderen Bildungsweg eingeschlagen, als wir alle hier.* 40 *Es liegt also nahe, dass es ganz auf die Art der Aus- oder Weiterbildung ankommt für die man sich entscheidet. Für eine berufsbildende höhere Schule – wohlgemerkt: eine höhere Schule, die auch Berufsbildung vermittelt – wie es eine Handelsakademie, aber auch eine HTL oder eine humanberufliche Schule ist, ist eine Balance zwischen klassisch-humanistischer und kompetenzorientierter Bildung essentiell. Eine komplette Wende in eine dieser Richtungen, wie Liessmann sie fordert, halte ich nicht für sinnvoll. Denn Schulbildung muss sowohl auf die Berufswelt* 45 *vorbereiten als auch zur Bildung der Persönlichkeit und zur Entwicklung kritischen Denkens beitragen.*

*Und um auf die Frage meines ehemaligen Schulkollegen zurückzukommen: Ich gebe zu, ich halte es auch für eher unwahrscheinlich, dass ich nach der Matura je wieder eine Textanalyse oder eine Erörterung verfassen werde. Aber was ich dabei gelernt habe, ist alles andere als sinnlos.*

*Ich danke Ihnen.* 50

*(720 Wörter)*

**11.2** Folgen Sie dem Generalauftrag und korrigieren Sie den Schüler/innentext auf der vorigen Seite in Bezug auf Rechtschreibung, Grammatik und Zeichensetzung.

**11.3** **Analysieren und bewerten Sie die Schüler/innenarbeit nach folgenden Gesichtspunkten:**

**A. Inhalt:**

a) Beurteilen Sie, wie gut der Inhalt der Textbeilage erfasst wird: Vollständigkeit im Sinne der Aufgabenstellung, Genauigkeit der Wiedergabe, Umfang im Hinblick auf die Zweckmäßigkeit für eine Meinungsrede.

b) Als eine zentrale „Schreibhandlung" in einer Meinungsrede gilt die Argumentation. Überprüfen Sie, ob in dem Text ausreichend argumentiert wird.

c) Argumentation setzt eine strittige Frage voraus. Ermitteln Sie, ob eine solche deutlich wird und ob bzw. wie der Verfasser/die Verfasserin dazu am Ende eine eindeutige Position zu erkennen gibt.

d) Analysieren Sie die Meinungsrede im Hinblick auf die Erfüllung der Arbeitsaufträge (Ausführlichkeit, Vollständigkeit).

**B. Textstruktur:**

a) Überprüfen Sie

- die Folgerichtigkeit der Gedankenschritte,
- die Verknüpfung der einzelnen Gedankenschritte.

b) Stellen Sie fest, wie gut es dem Text gelingt, die Textvorlage mit eigenen Gedanken zu verknüpfen.

**C. Stil/Ausdruck:**

a) Beurteilen Sie, ob bzw. inwiefern der verwendete Wortschatz dem Thema und der Situation angemessen ist. Führen Sie Belege an.

b) Bewerten Sie den Text im Hinblick auf die Komplexität des Satzbaus und auf die Verständlichkeit.

**D. Die Textsorte insgesamt:**

Eine Meinungsrede soll

- das Publikum durch Argumentation von der eigenen Position überzeugen,
- die Aufmerksamkeit des Publikums erkennbar steuern,
- das Publikum gezielt ansprechen,
- rhetorische Mittel zielgerichtet einsetzen sowie
- Anschaulichkeit bieten.

Schätzen Sie ein, ob bzw. in welchem Ausmaß dem Text das gelingt.

**11.4**

1. Schreiben Sie zur Schüler/innenarbeit auf Seite 93 eine Variante der Einleitung. Wählen Sie dazu eine der folgenden Strategien:
   - provokante Aussage(n)
   - aktueller Anlass
   - Zitat

   Achten Sie darauf, dass Sie mit Ihrer Einleitung das Interesse des Publikums wecken und dass das Thema Ihrer Meinungsrede deutlich wird.

   Schreiben Sie danach den Schluss so um, dass dieser – wie in der Meinungsrede auf Seite 93 – zur Einleitung zurückkehrt.

2. Identifizieren Sie zumindest zwei Stellen in der Schüler/innenarbeit, die zentrale Aussagen enthalten. Schreiben Sie sie so um, dass sie mit rhetorischen Mitteln besonders hervorgehoben werden.

**11.5**

Der erste Arbeitsauftrag in RDP/RP 11 lautet: „Erschließen Sie die in der Textbeilage geäußerte Kritik und die implizit enthaltene Forderung." Vergleichen und bewerten Sie, wie dieser Arbeitsauftrag in der Schüler/innenarbeit auf Seite 93 sowie in den Auszügen aus Schüler/innenarbeiten unten gelöst worden ist.

Wenn Sie Mängel feststellen, beschreiben Sie, um welchen Mangel es sich handelt.

*Oxford in Großbritannien ist bekannt für seine prestige-trächtige Universität, die im 12. Jahrhundert gegründet wurde.*

## Meinungsrede: Auszüge aus Schüler/innenarbeiten

1.                                                                                    1
[...] Vor kurzem habe ich den Essayband „Bildung als Provokation", verfasst von Professor Konrad Paul Liess-mann und 2017 erschienen, gelesen. In einem der Essays berichtet der Autor von einer Twitter-Nachricht, die im Jahr 2015 in ganz Deutschland für Aufregung sorgte: Eine damals 17-jährige junge Frau schrieb, dass sie keine Ahnung von Steuern, Miete oder Versicherungen habe, jedoch könne sie eine Gedichtanalyse in vier verschiede-   5
nen Sprachen verfassen. Sie forderte ein Schulsystem, das einem auch etwas für das echte Leben bringe, anstatt sich unnützes Wissen anzueignen und dabei seine Zeit zu verschwenden. Das System sei veraltet, eine Änderung dringend nötig. Liessmann meint, so etwas sei der Albtraum aller Bildungsminister, auch jener der deutschen Bundesbildungsministerin Johanna Wanka, weil in der Schule offenbar nutzloses Wissen verbreitet werde, Schü-ler/innen an lebenspraktischem Wissen aber scheitern. [...]                          10

2.
Ich habe nicht vor allzu langer Zeit Konrad Paul Liessmanns neusten Essayband „Literarische Bildung als Provo-kation" gelesen. Dort erwähnt Liessmann einige interessante Gesichtspunkte, die mich wirklich zum Nachdenken gebracht haben. Er beschäftigt sich unter anderem mit der Frage, ob man nur lernen soll, „was der eigenen Si-tuation und Bedürfnislage entspricht". Den literarisch Gebildeten kennzeichnet laut Liessmann, dass er über nutz-  15
loses Wissen verfügt. Der Aufbau von Kompetenzen habe dagegen immer etwas mit der Lösung von Problemen zu tun. Wer aber literarisch gebildet sein will, komme ohne Belesenheit nicht aus, denn Belesenheit sei einmal gleichbedeutend mit Bildung gewesen. Liessmann schlussfolgert daraus, dass Bildung eine Provokation darstellt.

3.
In seinem neuen Buch „Bildung als Provokation" schreibt der Philosophieprofessor Konrad Paul Liessmann:        20
„Kompetenz zielt immer auf ein Können, eine Anwendung, die Lösung eines Problems." Diese Art von Bildung lehnt er ab und fordert mehr Belesenheit der Schüler, die nur mit „ganz bestimmten Büchern und Texten" erreicht werden könne. Damit spricht sich der Professor gegen zielgerichtetes Anwendungswissen aus. Es scheint so, als prallten zwei Welten aufeinander, welche sich nicht einig sind, inwiefern Schule für die Zukunft vorbereiten soll.

**11.6**

Variation zur Aufgabe 1 (Thema und Textbeilage sind gleich):

**Aufgabe: Schreiben Sie eine Zusammenfassung.**

**Situation:** *Nach der Kritik von Seiten einiger Schüler/innen, sie würden „nur Sinnloses lernen", hat Ihr Deutschlehrer/Ihre Deutschlehrerin ein Projekt „Nützliches und nutzloses Wissen" gestartet, in dessen Rahmen es auch eine Podiumsdiskussion geben wird. Zur Vorbereitung werden verschiedene Texte gelesen. Ihre Aufgabe ist es, in einem Handout für Ihre Mitschüler/innen einen Auszug aus einem Essayband zum Thema Bildung zusammenzufassen.*

Lesen Sie den Auszug aus Konrad Paul Liessmanns Essayband „Bildung als Provokation" (Textbeilage 1).

Verfassen Sie dann eine Zusammenfassung und bearbeiten Sie dabei die folgenden **Arbeitsaufträge**:
• Beschreiben Sie die Problemlage, von der der Verfasser ausgeht.
• Benennen Sie die Konzepte von Bildung, die der Verfasser gegenüberstellt.
• Geben Sie wieder, wie der Verfasser diese Konzepte sieht.
• Erschließen Sie die nicht ausgesprochene Forderung des Verfassers.

Schreiben Sie **270 bis 330 Wörter**. Markieren Sie Absätze durch Leerzeilen.

# MODUL 12: TEXTINTERPRETATION (DRAMA)

**Thema: Literatur – Kunst – Kultur**
Antonio Fian: „Die nächste Zeit"

**Aufgabe 1**
**Verfassen Sie eine Textinterpretation.**

Lesen Sie das Dramolett „Die nächste Zeit" von Antonio Fian (Textbeilage 1).

Verfassen Sie danach eine Textinterpretation. Bearbeiten Sie dabei die folgenden **Arbeitsaufträge**:
- Analysieren Sie das Dramolett hinsichtlich Raum, Zeit, Figuren und Aufbau.
- Erläutern Sie Möglichkeiten und Schwierigkeiten, dieses Dramolett tatsächlich auf einer Bühne aufzuführen.
- Deuten Sie das Dramolett in Bezug auf typische Merkmale dramatischer Texte.

Schreiben Sie **540 bis 660 Wörter**. Markieren Sie Absätze durch Leerzeilen.

**Textbeilage 1:**

## Antonio Fian: Die nächste Zeit

1 *(Jahresende. Straße in einer österreichischen Stadt, menschenleer. Aus geöffneten Fenstern Schlagermusik. Pause. Eine Gruppe Untoter auf der Suche nach Beute erscheint, quert die Straße, verschwindet wieder. Pause.*
5 *Die Schlagermusik endet. Eine Kennmelodie, dann:)*
**STIMME EINES RADIOSPRECHERS:** Hier ist der österreichische Rundfunk. Die Nachrichten. Niederösterreich. Kurz nach ein Uhr früh kam es heute in Freyenstein im Bezirk Melk zum Brand eines Wohnhauses. Die Ursache
10 des Feuers steht noch nicht fest. Sechs Feuerwehren mit neunzig Mann waren im Einsatz. Das Haus wurde durch die Flammen völlig zerstört. Verletzt wurde niemand. – Kärnten. Brutale Szenen heute Nacht in einem Klagenfurter Mehrparteienhaus. Eine Jugendbande wollte sich
15 mit Baseballschlägern und Schlagstöcken Zutritt zu einer Wohnung verschaffen. Als die Eingangstür aufgebrochen wurde, kam es zum Handgemenge. Ein achtzehn Jahre alter Schüler erhielt einen Faustschlag, der Wohnungsbesitzer wehrte sich mit Pfefferspray, und der Schüler
20 verletzte daraufhin den Bandenführer, einen neunzehn Jahre alten Beschäftigungslosen, mit der siebzig Zentimeter langen Klinge eines Samuraischwerts. Gegen ihn wurde ein Waffenverbot ausgesprochen. Eine Stellungnahme des Polizeidienststellenleiters Anton Kumnik
25 erwarten wir für das Mittagsjournal. – Tirol. Nachdem gestern in Weer ein Sattelauflieger ausgebrannt war, weil aus einem Hydranten kein Wasser kam –

*(Eine Gruppe Vampire auf der Suche nach Beute erscheint, quert die Straße, verschwindet wieder.)*
**STIMME DES RADIOSPRECHERS:** – stellt sich der Asfi- 30
nag die Frage, ob der betroffene Hydrant überhaupt ans Wassernetz angeschlossen war. Um Licht ins Dunkel zu bringen, wurde eine Expertenkommission eingesetzt. Sie soll nun genau die Technik, den Bauakt, in dem offenbar gar kein Hydrant verzeichnet ist, und alle diesbezügli- 35
chen Unterlagen prüfen. Eine erste Pressekonferenz ist für vierzehn Uhr anberaumt. – Das waren die Nachrichten. Nun zum Wetter.

*(Eine andere Kennmelodie, kurz, schrill, dann:)*
**STIMME EINER RADIOSPRECHERIN:** Hier ist die ORF- 40
Verkehrsredaktion. Achtung Autofahrer auf der B 320 Ennstal-Bundesstraße. Kurz vor Schladming –

*(Die Untoten auf der Suche nach Beute erscheinen wieder, queren die Straße, verschwinden.)*
**STIMME DES RADIOSPRECHERS:** – befindet sich eine 45
Entenfamilie auf der Fahrbahn. Bitte stoppen Sie umgehend und warten Sie auf weitere Anweisungen. Ich wiederhole: Stoppen Sie umgehend und warten Sie auf weitere Anweisungen.
**STIMMEN AUS DEN FENSTERN:** Enten! Jöhh! Süß! Enten- 50
familie! Hoffentlich passiert nix!
**STIMME DES RADIOSPRECHERS:** Nun zum Wetter.
*(Vorhang)*

*Quelle: Antonio Fian: Schwimmunterricht. Dramolette VI. Graz–Wien: Literaturverlag Droschl 2016.*

---

**INFOBOX**

**Antonio Fian** (* 1956): österreichischer Schriftsteller, Essayist und Dramatiker. Schreibt regelmäßig in einer eigenen Kolumne Dramolette für die Tageszeitung „DER STANDARD".

**Dramolett:** Minidrama

## 12.1

**Verfassen Sie einen Text entsprechend der RDP/ RP-Aufgabe 12.**

Schreiben Sie in eigenen Worten, ohne allzu viel vom Schüler/innenbeispiel unten zu übernehmen. Am besten wäre, das Beispiel unten erst später zu lesen.

*Das ist keine Musterlösung!*

## Textinterpretation (Schüler/innenarbeit):

1 *Was uns wirklich erschüttert*

*Wir alle haben das Durcheinander von Radionachrichten im Ohr, kreuz und quer gemischt, Attentate, Mord, Raub, Unfälle, Herz-Schmerz-Geschichten, Verkehr, am Schluss das Wetter. In Antonio Fians Dramolett „Die nächste Zeit" bekommen wir eine derartige Mischung presentiert.*

5 *Allerdings werden die üblichen Meldungen von einer Art „Regieanweisungen" (in Klammern und kursiv darge- stellt) unterbrochen, sie beschreiben die Szenerie: eine menschenleere Straße irgendwo in einer beliebigen Stadt, offene Fenster in den Wohnungen, aus denen zuerst Schlagermusik zu hören ist, dann die Nachrichten. Absur- derweise durchstreifen Untote und Vampire die Szenerie, sie sind „auf der Suche nach Beute" (Zeilen 3, 28). Die Zeit, in der dieses Stück spielt ist offensichtlich die Jetztzeit („Mittagsjournal", „ORF-Verkehrsredaktion"), konkrete*
10 *Figuren kommen nicht vor, man hört nur Stimmen (Radiosprecher, Leute im Haus). Der Aufbau des Dramoletts ist einfach: Regieanweisungen werden unterbrochen von diversen Meldungen, das Ganze ist wie ein Hörspiel ge- staltet. Die Sprache ist so, wie eben Radiomeldungen gesprochen werden, sachlich, ohne besondere Stilmittel.*

*Typisch für dramatische Texte sind normalerweise eine Bühne, auf der von Schauspielern etwas dargestellt wird, und Dialoge zwischen diesen. Beides fehlt in Antonio Fians Dramolett. In anderen Theaterstücken gibt es zwar*
15 *auch Monologe oder Stimmen aus dem Hintergrund, aber auch von solchem kann man hier nicht sprechen. Die Regieanweisungen geben sonst meist vor, wie das Szenenbild ist und was die Schauspieler/innen machen sollen. Die Szene wird von Fian tatsächlich auch genauer beschrieben. Andere Anweisungen fehlen natürlich. Inhaltlich fällt mir am stärksten auf, dass der Autor Kritik an den üblichen Radionachrichten trifft. Sowohl was die Auswahl betrifft als auch wie diese Nachrichten gebracht werden. Fian spottet über manches, bis zur sonderbaren Formu-*
20 *lierung, dass gegen jemanden, der einen anderen mit einem Samuraischwert verletzt hat, „ein Waffenverbot aus- gesprochen" wurde (Z. 22 f.). Spöttische Kritik steckt sicher auch darin, wenn er schreibt, dass wegen eines Hy- dranten „eine Expertenkommission eingesetzt" werden soll. Am deutlichsten wird Fians kritische Haltung in dem Abschnitt, wo er über eine Entenfamilie berichten lässt, die auf einer Bundesstraße marschiert. Auf keine der Gru- selmeldungen zuvor reagieren offenbar die Leute in den Wohnungen mit den offenen Fenstern, aber jetzt sind die*
25 *Reaktionen massiv und mitleidsvoll. Das erinnert an die „Katzenvideos" auf YouTube, die von Millionen begeistert angeschaut und kommentiert werden. Ja, das macht uns wirklich betroffen! Nicht irgend ein Überfall oder Brand. Der Titel „Die nächste Zeit" deutet vermutlich darauf hin, dass sich all das in nächster Zeit nicht ändern wird. Bleibt die Frage, welche Funktion die Untoten und Vampire in dem Dramolett haben. Diese Figuren stammen aus einer bedrohlichen, gruselhaften Welt. Wo sie sind, reagieren Angst und Schrecken, es geht verrückt zu, Gewalt ist*
30 *immer mit dabei und rational erklärbar ist nicht mehr sehr viel. Das ist die Welt der Untoten und Vampire – und Antonio Fian lässt sie in unserer Welt auftauchen, noch dazu zu einem symbolträchtigen Zeitpunkt, nämlich dem Jahresende: Das ist oft jene Zeit, in der man sowohl Bilanz zieht als auch in die Zukunft blickt. Wie sieht diese Bilanz in Fians Dramolett aus – und wie die Zukunftsperspektive: Sie sind alptraumhaft und verrückt. Das wird nicht nur durch die Vampire und Untoten vermittelt, sondern auch durch den Inhalt der Radionachrichten, vor*
35 *allem aber durch die Reaktion der Menschen darauf.*

*Dass derartige Dramolette nicht für eine tatsächliche Aufführung geschrieben werden, ist bekannt. In diesem Fall wäre es zwar schwierig aber möglich. Die Bühne müsste eine Straße mit offenen Fenstern sein, aus denen die Radiomeldungen erklingen, „Untote" und Vampire ließen sich mit entsprechenden Kostümen leicht darstellen. Allerdings glaube ich, dass so ein Schauspiel nicht wirklich spannend wäre.*

*(582 Wörter)*

**12.2** Folgen Sie dem Generalauftrag und korrigieren Sie den Schüler/innentext auf der vorigen Seite in Bezug auf Rechtschreibung, Grammatik und Zeichensetzung.
Ausdrucksfehler sind grau markiert. Korrigieren Sie auch diese.

**12.3** Analysieren und bewerten Sie die Schüler/innenarbeit nach folgenden Gesichtspunkten:

A. **Inhalt:**
   a) Stellen Sie zu jedem der drei Arbeitsaufträge fest, wie gut er erfüllt worden ist.
   b) Was halten Sie von der Deutung ab Zeile 28? Begründen Sie.

B. **Textstruktur:**
   a) Erklären Sie, warum die vier Absätze gesetzt worden sind.
   b) Überprüfen Sie, ob bzw. wie die Absätze miteinander verbunden sind.

C. **Stil/Ausdruck:**
   a) Welche Formulierungen halten Sie für besonders gelungen, welche für eher schlecht bzw. unverständlich?
   b) Bewerten Sie den Wortschatz und die Varianz des Satzbaus. Welche Stellen sprechen für einen großen/kleinen Wortschatz? Welche Stellen sprechen für einen eintönigen/variantenreichen Satzbau?

D. **Die Textsorte insgesamt:**
   Zeigen Sie Textstellen, die beweisen, dass die Textbeilage nicht nur analysiert, sondern auch interpretiert wird.

**12.4** Prüfen Sie die folgenden kurzen Stellen aus anderen Arbeiten von Schülern/Schülerinnen zu RDP/RP 12:
   a) Welche Aussagen halten Sie für relevant? Begründen Sie.
   b) Überprüfen Sie, ob bzw. inwiefern Aussagen darin beweisbar falsch sind.

*1.*                                                                                    1
*Wenn Fian schreibt, dass gegen jemanden, der einen*
*anderen verletzt hat, nur ein „Waffenverbot" ausge-*
*sprochen wird, irrt er sich natürlich: Der wäre sicher*
*verhaftet oder angezeigt worden.*                                                      5

*2.*
*Der Autor wollte uns mit diesem Dramolett ganz sicher*
*zeigen, wie stark wir alle von Radionachrichten beein-*
*flusst werden.*

*3.*                                                                                    10
*Der Autor verweist darauf, dass viele Menschen in*
*Österreich tierliebend und mitfühlend sind. Sofort nach*
*der entsprechenden Meldung (eine Entenfamilie ist auf*
*einer Bundesstraße) äußern sie sich dementsprechend*
*mitleidig.*                                                                            15

# Die Kompensationsprüfung

## EXKURS: DIE KOMPENSATIONSPRÜFUNG IN DEUTSCH

Bitten beachten Sie etwaige Aktualisierungen auf www.hpt/190621.

---

**DIE KOMPENSATIONSPRÜFUNG IN DEUTSCH**      *INFO-BOX*

Falls die Klausurarbeit in Deutsch mit „Nicht genügend" beurteilt wird, haben Sie die Möglichkeit, diese Note durch eine sogenannte **Kompensationsprüfung** (Kompensation = Ausgleich) auszubessern. Dafür gelten folgende Vorgaben:

- Sie müssen **bis spätestens drei Tage nach der Bekanntgabe der negativen Beurteilung** beantragen, eine mündliche Kompensationsprüfung abzulegen.
- Die **Aufgaben** dafür werden österreichweit zentral vorgegeben.
- Zur **Vorbereitung** ist eine angemessene, **mindestens 30 Minuten** umfassende Frist einzuräumen.
- Die **Prüfungsdauer** darf **25 Minuten** nicht überschreiten.
- Ein **Wörterbuch** darf verwendet werden.
- Die bestmögliche Beurteilung aus Klausur und Kompensationsprüfung zusammen kann „**Befriedigend**" sein.

### Die Aufgabenstellung

- ... bezieht sich auf ein bestimmtes **Thema**, z. B. „Angst", „Nachhaltig einkaufen". Dieses Thema kann auch ein **literarisches Werk** sein, z. B. „Arthur Schnitzler: *Die grüne Krawatte*".
- .... geht immer von einem **Text** aus (literarischer Text, Sachtext, Grafik/Diagramm usw.).
- ... ist in **Teilaufgaben** gegliedert, die mit den bekannten **Operatoren** arbeiten.
- Bei Aufgaben, die sich auf ein Sachthema beziehen, ist ein situativer Kontext vorgegeben, z. B. *„Im Rahmen des Deutschunterrichts setzen Sie sich mit dem Thema ‚Neues Heldentum?' auseinander und halten vor Ihren Mitschülerinnen und Mitschülern sowie Ihrer Lehrkraft zu diesem Thema eine kurze Rede."*
  *Quelle: https://www.srdp.at/fileadmin/user_upload/downloads/Matura-2016-17/Deutsch/KL17_KP1_ALL_DEU_P02_CC_KK.pdf (8. Jänner 2018).*

  Bei Aufgaben, die sich auf einen literarischen Text beziehen, gibt es keinen situativen Rahmen.
- Die letzte Teilaufgabe verlangt **3- bis 5-minütiges monologisches Sprechen**. Alle anderen Teilaufgaben sollen im Rahmen eines dialogischen Prüfungsgesprächs bearbeitet werden.

---

**KOMPENSATIONSPRÜFUNG: BEURTEILUNG**      *INFO-BOX*

Grundsätzlich werden bei der Kompensationsprüfung die gleichen Kompetenzen überprüft wie bei der Klausurarbeit:

- Lesekompetenz
- Argumentationskompetenz
- Interpretationskompetenz
- Sach-/Fachkompetenz
- Sprachbewusstsein

Diese Kompetenzen werden in zwei Kompetenzbereichen überprüft:

- Kompetenzbereich 1: Aufgabenerfüllung aus inhaltlicher und struktureller Sicht
  - Anforderungsbereich 1: Reproduktion, Reorganisation und Transfer
  - Anforderungsbereich 2: Reflexion und Problemlösung
- Kompetenzbereich 2: Aufgabenerfüllung hinsichtlich Stil, Ausdruck und normativer Sprachrichtigkeit

**Der Beurteilungsraster:**

| Kompetenzbereich | Teilkompetenzen | nicht erfüllt | in den wesentlichen Bereichen überwiegend | in den wesentlichen Bereichen zur Gänze | in über das Wesentliche hinausgehendem Ausmaß | in weit über das Wesentliche hinausgehendem Ausmaß |
|---|---|---|---|---|---|---|
| **(K1)** **Aufgabenerfüllung aus inhaltlicher und struktureller Sicht** **Anforderungsbereich 1** *(Reproduktion, Reorganisation und Transfer)* | kann Informationen, Standpunkte und Meinungen aus der Textbeilage/den Textbeilagen ermitteln, strukturiert zusammenfassen bzw. einander gegenüberstellen | | | | | |
| | kann Aufbau bzw. Argumentationslinien der Textbeilage(n) identifizieren und gegebenenfalls anhand von Textbelegen erläutern | | | | | |
| | kann Merkmale bzw. die Intention(en) der Textbeilage(n) identifizieren und Textbelege dafür finden | | | | | |
| | kann sprachliche bzw. literaturästhetische Besonderheiten der Textbeilage(n) identifizieren, analysieren und deren Wirkung bzw. Funktion beschreiben | | | | | |
| **Aufgabenerfüllung aus inhaltlicher und struktureller Sicht** **Anforderungsbereich 2** *(Reflexion und Problemlösung)* | kann Meinungen, Argumente bzw. Argumentationslinien der Textbeilage(n) reflektieren und bewerten bzw. Interpretationshypothesen formulieren und anhand von Textbelegen begründen | | | | | |
| | kann eine eigenständige Position zum Thema der Textbeilage(n) argumentativ überzeugend formulieren bzw. zu gesellschaftlichen, kulturellen, politischen und wirtschaftlichen Phänomenen treffsicher Stellung nehmen und diese bewerten | | | | | |
| | kann themenbezogenes Sachwissen aktivieren, anwenden und gegebenenfalls Bezüge zu eigenen Erfahrungen und Werthaltungen herstellen | | | | | |
| | kann mindestens drei Minuten zusammenhängend monologisch zum vorliegenden Thema sprechen | | | | | |
| **(K2)** **Aufgabenerfüllung hinsichtlich Stil, Ausdruck und normativer Sprachrichtigkeit** | kennt Sprachnormen und kann diese korrekt anwenden | | | | | |
| | kann relevante Fachbegriffe anwenden und zeigt Varianz in Wortwahl und Satzbau | | | | | |
| | kann adressaten- und situationsangemessen formulieren | | | | | |
| | kann in Bezug auf die Textbeilage(n) eigenständig formulieren | | | | | |

*Quelle: Kompensationsprüfung zur standardisierten schriftlichen Reifeprüfung/Reife- und Diplomprüfung in der Unterrichtssprache.*
*https://www.srdp.at/index.php?eID=dumpFile&t=f&f=1766&token=a0ba3d4759ebca3a88c67e0e388135d83a7703d8*
*(24. November 2018).*

**Beurteilung:**

- Für eine **positive Beurteilung** muss jeder Kompetenzbereich für sich positiv bewertet werden. Wird auch nur ein Kompetenzbereich negativ bewertet, ist die Beurteilung „Nicht genügend".
- Eine Prüfung wird mit **„Gut" oder „Sehr gut"** beurteilt, wenn die Teilkompetenzen der Kompetenzbereiche mehrheitlich mit „über das Wesentliche hinausgehend erfüllt" oder „weit über das Wesentliche hinausgehend erfüllt" bewertet werden.
- Die **Gesamtnote** in Deutsch kann wegen der negativen Beurteilung der Klausurarbeit bestenfalls „Befriedigend" sein.

---

Lesen Sie die INFO-BOXen oben und besprechen Sie mit Ihrem Lehrer/Ihrer Lehrerin mögliche offene Fragen. Beantworten Sie: **E.1**

1. Was bedeutet es, dass die Aufgaben zentral vorgegeben werden?
2. Was bedeutet es, dass Sie in maximal 25 Minuten die gleichen Kompetenzen wie bei der Klausurarbeit beweisen müssen?
3. Was können Sie zwischen schriftlicher und mündlicher Prüfung zu Ihrer Vorbereitung machen?

**E.2**

Studieren Sie die nachfolgenden Beispiele für Kompensationsprüfungen und lösen Sie die Aufgabe nach jeweils 30-minütiger Vorbereitungszeit.

„Probematura": Einige Schüler/innen lassen sich nacheinander vom Lehrer/von der Lehrerin vor den Kollegen/Kolleginnen prüfen (während der Prüfung der anderen müssen die restlichen „Kandidaten/Kandidatinnen" die Klasse verlassen). Besprechen Sie danach Probleme in der Vorbereitung, über Gelungenes und weniger Gelungenes bei den Probeprüfungen.

**Kompensationsprüfung – Beispielaufgabe 1:**

## Thema: Bertolt Brecht: „Ballade vom angenehmen Leben"

**Lesen Sie** den Songtext „Ballade vom angenehmen Leben" von Bertolt Brecht.
**Bearbeiten Sie** anschließend die folgenden Arbeitsaufträge:

| | Arbeitsaufträge | Anforderungsbereiche |
|---|---|---|
| 1. | **Geben Sie** den Inhalt des Songtexts knapp wieder. | Anforderungsbereich 1 *Reproduktion, Reorganisation und Transfer* |
| 2. | **Untersuchen Sie** den Text im Hinblick auf formale Kriterien sowie die Bezeichnung „Ballade". | Anforderungsbereich 1 *Reproduktion, Reorganisation und Transfer* |
| 3. | **Beurteilen Sie**, ob bzw. inwiefern es sich bei der „Ballade vom angenehmen Leben" um ein politisches Lied handelt. | Anforderungsbereich 2 *Reflexion und Problemlösung* |
| 4. | Sie halten vor der Prüfungskommission ein Kurzreferat über Brechts „Ballade vom angenehmen Leben". Darin<br>• **bestimmen Sie** das Thema bzw. die Themen, mit dem bzw. denen sich der Song auseinandersetzt,<br>• **erklären Sie** zentrale Aussagen des Songs,<br>• **deuten Sie** den Vers „Nur wer im Wohlstand lebt, lebt angenehm",<br>• **überprüfen Sie** die Aktualität des Songs. | Anforderungsbereich 1 und 2 *Reproduktion, Reorganisation und Transfer; Reflexion und Problemlösung*<br><br>Prüfungszeit: max. 5 Minuten (mind. 3 Minuten) |

**Textbeilage 1** *(in originaler Schreibung):*

## Bertolt Brecht: Ballade vom angenehmen Leben

1   Ihr Herrn, urteilt jetzt selbst: ist das ein Leben?
    Ich finde nicht Geschmack an alledem
    Als kleines Kind schon hörte ich mit Beben:
    Nur wer im Wohlstand lebt, lebt angenehm.

5   Da preist man uns das Leben großer Geister
    Das lebt mit einem Buch und nichts im Magen
    In einer Hütte, daran Ratten nagen.
    Mir bleibe man vom Leib mit solchem Kleister!
    Das simple Leben lebe, wer da mag!
10  Ich habe (unter uns) genug davon
    Kein Vögelchen, von hier bis Babylon
    Vertrüge diese Kost nur einen Tag.
    Was hilft da Freiheit, es ist nicht bequem
    Nur wer im Wohlstand lebt, lebt angenehm.

15  Die Abenteurer mit dem kühnen Wesen
    Und ihrer Gier, die Haut zu Markt zu tragen
    Die stets so frei sind und die Wahrheit sagen
    Damit die Spießer etwas Kühnes lesen
    Wenn man sie sieht, wie das am Abend friert
20  Mit kalter Gattin stumm zu Bette geht
    Und horcht, ob niemand klatscht und nichts versteht
    Und trostlos in das Jahr fünftausend stiert.
    Jetzt frag ich Sie nur noch: ist das bequem?
    Nur wer im Wohlstand lebt, lebt angenehm.

25 Ich selber könnte mich durchaus begreifen
   Wenn ich mich lieber groß und einsam sähe
   Doch sah ich solche Leute aus der Nähe
   Da sagt ich mir: das mußt du dir verkneifen.
   Armut bringt außer Weisheit auch Verdruß
30 Und Kühnheit außer Ruhm auch bittre Mühn.
   Jetzt warst du arm und einsam, weis und kühn
   Jetzt machst du mit der Größe aber Schluß.
   Dann löst sich ganz von selbst das Glücksproblem:
   Nur wer im Wohlstand lebt, lebt angenehm.

*Quelle: Brecht, Bertolt: Ballade vom angenehmen Leben. In: Die Dreigroschenoper. 45. Aufl. Frankfurt: edition suhrkamp 2001.*

---

**INFOBOX**

„**Ballade vom angenehmen Leben**": Song aus der „Dreigroschenoper", Uraufführung 1928; Text: Bertolt Brecht, Musik: Kurt Weill

**Kompensationsprüfung – Beispielaufgabe 2:**

### Thema: Die Arbeitswelt von heute

**Situation:** *Anlässlich einer Job-Börse für Maturanten/Maturantinnen haben alle Teilnehmer/innen Texte über neuere Entwicklungen in der Arbeitswelt bekommen. Sie sollen Ihren Text prüfen und sich in einem mündlichen Statement vor dem Plenum dazu äußern.*

**Lesen Sie** den Hintergrundbericht „Neue Arbeitswelt: Traumjob und Albtraum liegen nahe beieinander" aus der Tageszeitung „Der Standard" vom 9. Mai 2016 (Textbeilage 1).
**Bearbeiten Sie** anschließend die folgenden Arbeitsaufträge:

| | Arbeitsaufträge | Anforderungsbereiche |
|---|---|---|
| 1. | **Beschreiben Sie** jene Phänomene, die die neue Arbeitswelt kennzeichnen, sowie Anforderungen, die sie stellt. | Anforderungsbereich 1 *Reproduktion, Reorganisation und Transfer* |
| 2. | **Untersuchen Sie** den Text im Hinblick auf seine Struktur und seine Sprache. | Anforderungsbereich 1 *Reproduktion, Reorganisation und Transfer* |
| 3. | **Kommentieren Sie** die aufgezeigten Entwicklungen. | Anforderungsbereich 2 *Reflexion und Problemlösung* |
| 4. | Sie geben vor den anderen Teilnehmern/Teilnehmerinnen ein Statement zum Thema *Neue Arbeitswelt* ab. Darin • **fassen Sie** den Inhalt des Hintergrundberichts knapp **zusammen**, • **vergleichen Sie** die aufgezeigten Entwicklungen mit dem traditionellen Bild von Arbeit, • **bewerten Sie** die Eckpunkte der „neuen Arbeitswelt", • **entwerfen Sie** Anforderungen für die (Aus-)Bildung angesichts der „neuen Arbeitswelt". | Anforderungsbereich 1 und 2 *Reproduktion, Reorganisation und Transfer; Reflexion und Problemlösung* Prüfungszeit: max. 5 Minuten (mind. 3 Minuten) |

**Textbeilage 1:**

## Neue Arbeitswelt:
## Traumjob und Albtraum liegen nahe beieinander

Freiheit, Freizeit, Selbstausbeutung, Entgrenzung: Wie sehr sich Arbeit verändert

*Lisa Breit und Lara Hagen*

1 Die Automatisierung killt in den kommenden Jahren jeden zweiten Job, vernichtet Ressourcen in zunehmendem Tempo, produziert ein immer größeres Heer an Abgehängten und treibt den Rest unweigerlich ins
5 Burnout, befürchten die einen. Die anderen jubeln: Alles ist für alle von überall jederzeit möglich – und verfügbar. Technische Lösungen beseitigen sämtliche Zugangsschranken und sorgen für Gerechtigkeit. Überhaupt führe die digitale Transformation zu mehr Menschlichkeit
10 und Verbundenheit – auch in der Arbeitswelt.
Mit Dramatik wird in der Diskussion über die sogenannte New World of Work nicht gespart. Die beiden Positionen – Angst und Euphorie – bieten beide zu simple Extremperspektiven auf komplexe Entwicklungen – wie Arbeiten
15 künftig aussehen wird, vermögen sie kaum zu skizzieren.

**Immer online**
Bis jetzt in der Arbeitswelt angekommen sind einige teils paradoxe Phänomene. So gibt es einen Trend zum örtlich und zeitlich flexiblen Arbeiten: Arbeitsplätze verlagern sich immer öfter in die eigenen vier Wände, ins 20 „Homeoffice". Arbeit wird aber auch häufiger aus dem Büro mit heimgenommen, respektive reist mit in den Urlaub, kommt mit zum Ausflug mit Freunden – teilweise sogar mit ins Bett, wo viele spätnachts oder frühmorgens noch ihre E-Mails via Smartphone beantworten. 25 „Entgrenzung" nennen Psychologen dieses Phänomen, das Arbeitnehmern einerseits zu mehr Autonomie verhilft – sie aber andererseits auch vielfach ins Burnout treibt und so volkswirtschaftliche Milliardenschäden verursacht. Neue Geschäftsmodelle, neue Wege in das 30

Arbeitsleben (der Algorithmus findet dich) sind entstanden, ebenso wie neue Krankheiten, wie etwa „Fomo" (Fear of missing out). Der Fachbegriff verweist auf die Angst, etwas zu verpassen und daher wie süchtig in sozi-
35 alen Medien zu hängen.

### Informationsüberfluss

Mit fortschreitendem digitalem Wandel wird die Forderung nach „Selbstmanagement" im Arbeitsleben lauter. Man solle sich abzugrenzen lernen, heißt es. Wie gut
40 das tatsächlich gelingt, darüber entscheide letztlich die Selbstdisziplin, sagt Christian Korunka, Arbeitspsychologe an der Universität Wien. Wenn man permanent arbeiten kann, müsse man auch bewusst die Entscheidung treffen können, nicht zu arbeiten.
45 Stress, sagt Korunka, verursachen neue Technologien auch dadurch, dass sie den Arbeitsfluss unterbrechen. Überall blinkt und fiept es. „Unsere Gehirne sind so beschäftigt wie nie zuvor", schreibt der US-amerikanische Neurowissenschafter Daniel J. Levitin in seinem aktuel-
50 len Buch *The Organized Mind*. Dass ständig – virtuell – Informationen auf einen einprasseln, senkt nachweislich die Konzentrations- und Merkfähigkeit.

### Arbeiten in der Datenwolke

Aber der Trend zum Onlinearbeiten geht längst über die
55 Firmengrenzen hinaus. Die sogenannten Crowdworker sind eine Extremform des Arbeitens in der Cloud, der virtuellen Datenwolke. Als eine Art digitale Freiberufler bieten sie ihre Dienste online an, auf spezifischen Vermittlungsplattformen. Diese Plattformen, darunter Free-
60 lance.com, Upwork.com, Clickworker oder die zu Amazon gehörende Mechanical Turk, vermitteln sie an Firmen, meist zu einem sehr geringen Lohn von ein paar Dollar oder Euro die Stunde.
Wie groß die Masse der Online-Freelancer bereits ist,
65 lässt sich schwer sagen. In Deutschland geht man von einer Million Crowdworkern aus. Die Gruppe ist dabei sehr heterogen. Es sind Gutausgebildete aus den Bereichen Design, IT oder Verkauf und Marketing ebenso wie Niedrigqualifizierte, die einfache, repetitive Tätigkeiten,
70 beispielsweise das Beschriften von Bildern, inserieren. Für einige von ihnen ist Freelancen im Netz die einzige Chance auf Einkommen, manchen erwächst so ein Nebenerwerb – andere entscheiden sich aus freien Stücken für diesen Arbeitsstil. Sie sehen das Crowd-
75 working als eine Option, sich neben ihrem Nine-to-five-Job eigenen Ideen und Projekten zu widmen.

Anstatt eines Arbeitsvertrages gelten für Crowdworker die allgemeinen Geschäftsbedingungen der Vermittlungsplattformen, die oft einseitig zugunsten der Auftrag-
80 geber gestaltet sind: Sie dürfen beispielsweise Leistungen ohne Lohn und ohne Angaben von Gründen ablehnen. Oder Wettbewerbe für fertige Projekte ausschreiben und nur den Gewinner entlohnen.

### Zwei Seiten der Medaille

Traumjob und Albtraum, Chance und Prekariat liegen 85
also nahe beieinander. Gewerkschaften in Österreich und Deutschland sind höchst alarmiert, wenngleich bezüglich ihrer Handlungsmöglichkeiten ziemlich ratlos – auch weil große Unternehmen die Chancen bereits nutzen und Belegschaftsteile schwups in die Crowd aus- 90
lagern. Das ist billiger und klappt besser auf Abruf.
Bei aller Kritik und allen rechtlichen Problemen bietet die Idee des Crowdworkings an sich auch Vorteile, durch Kollaboration und Kooperation der vielen: Open-Source-Projekte wie der Firefox-Browser von Mozilla wurden 95
etwa großteils von Externen programmiert. Und Wikipedia ist ein prominentes Beispiel für ein Projekt der Crowd. Das Nutzen von Ideen aus aller Welt wird unter dem Schlagwort Open Innovation als die Zusammenarbeit der Zukunft gedacht. 100
Wie Staaten und ihre Institutionen mit dieser Form von Arbeit und ihren Folgen – Stichwort soziale Absicherung und Pension – verfahren, ist eine der zentralen Zukunftsfragen und spielt massiv in die Diskussionen um bedingungsloses Grundeinkommen und neues gesamt- 105
gesellschaftliches Miteinander hinein.

### Neue Unternehmen, neue Gesellschaft?

Um ein anderes Miteinander geht es auch in Unternehmen. Die Theorie: Mitbestimmung wird durch Entwicklungen wie Open Source in Zukunft eine große Rolle 110
spielen, die Unternehmen werden demokratischer. Sinnbild hierfür sind Start-ups – auch ein Ergebnis der digitalisierten Arbeitswelt. Innovationen aus der IT befeuerten die Entwicklungen alternativer Organisationsformen – statt klassischer Hierarchie arbeiten die Teams 115
dann beispielsweise nach der Holacracy-Methode ohne ständiges Einholen von Einverständnis großteils autonom. In anderen Unternehmen wird der Chef oder die Chefin von der Belegschaft gewählt, auch Beispiele für demokratische Gehälter gibt es bereits. [...] 120

*Quelle: Der Standard, 9. Mai 2016.*

---

**INFOBOX**

**Holacracy:** dt. „Holokratie", auch „Holakratie"; Konzept der Unternehmensorganisation, bei dem Entscheidungen im Unternehmen möglichst transparent gestaltet werden und möglichst alle Mitarbeiter/innen die Möglichkeit haben, sich am Entscheidungsfindungsprozess zu beteiligen.

## Kompensationsprüfung – Beispielaufgabe 3:

### Thema: Mensch und Tier

**Situation:** *Anlässlich des Welttierschutztages beschließen die Schüler/innen, eine medienwirksame Aktion auf dem Hauptplatz einer größeren Stadt zu veranstalten. Neben in Käfigen vorgeführten Tieren sollen auf Straßen, Plätzen und in Parks auch öffentliche Diskussionen mit den Stadtbewohnern/Stadtbewohnerinnen durchgeführt werden. Zur Vorbereitung dafür haben Sie diverse Texte bekommen, die Sie in Ihre Überlegungen einbeziehen sollen.*

**Lesen Sie** das Interview „Unsere Essgewohnheiten: ‚Hund oder Schwein – eine Frage der Ästhetik'" (Textbeilage 1) und studieren Sie die Grafik „Lebensmittelverbrauch in Österreich – heute und damals" (Textbeilage 2). **Bearbeiten Sie** anschließend die folgenden Arbeitsaufträge:

| | Arbeitsaufträge | Anforderungsbereiche |
|---|---|---|
| 1. | **Fassen Sie** den Inhalt des Interviews (Textbeilage 1) **zusammen.** | Anforderungsbereich 1 *Reproduktion, Reorganisation und Transfer* |
| 2. | **Untersuchen Sie** das Interview (Textbeilage 1) im Hinblick auf • seinen Aufbau, • mögliche Intentionen des Interviewenden und des Interviewten, • Thesen und angeführte Argumente. | Anforderungsbereich 1 *Reproduktion, Reorganisation und Transfer* |
| 3. | **Kommentieren Sie** die Aussagen in der Grafik „Lebensmittelverbrauch in Österreich – heute und damals" (Textbeilage 2) aufgezeigten Ernährungsgewohnheiten. | Anforderungsbereich 2 *Reflexion und Problemlösung* |
| 4. | Sie halten eine kurze Einleitungsrede zu den öffentlichen Diskussionen zum Thema „Mensch und Tier". Darin • **beschreiben Sie** einige Aspekte des Tierschutzes, • **nehmen Sie Stellung** zum Thema *Tierschutz und tierische Nahrung,* • **beurteilen Sie** das Essverhalten in Österreich, • **appellieren Sie** an die Zuhörenden im Sinne Ihrer eigenen Position. | Anforderungsbereich 1 und 2 *Reproduktion, Reorganisation und Transfer; Reflexion und Problemlösung* Prüfungszeit: max. 5 Minuten (mind. 3 Minuten) |

### Textbeilage 1:

## Unsere Essgewohnheiten: „Hund oder Schwein – eine Frage der Ästhetik"

Was wir essen, ist zu fleischlastig und stark von Werbung bestimmt, sagt Markus Tiedemann, Ethiker an der Freien Universität Berlin. Ohne Änderung unserer Ernährungsgewohnheiten sei die Zukunft künftiger Generationen gefährdet.

*Interview: Günther Strobl*

1 **STANDARD:** Wie sehen Ihre Ernährungsgewohnheiten aus: Fleisch, Gemüse oder viel von beidem?

**Tiedemann:** Ich ernähre mich weitgehend vegetarisch, nicht zu hundert Prozent, aber fast.

5 **STANDARD:** Die Aufregung über zuletzt in Supermärkten gefundenes Pferdefleisch war riesengroß. Weil falsch etikettiert wurde oder weil doch mehr dahintersteckt?

**Tiedemann:** Klar ist, dass hier jemand seine Handelsbedingungen nicht eingehalten hat. Das, was auf einer
10 Packung draufsteht, sollte auch drin sein. Wir haben es hierbei mehr mit einem ökonomisch-juristischen Streitthema zu tun als mit einem ethischen Problem.

**STANDARD:** Hat der Skandal aber dazu beigetragen, viele Menschen neuerlich für das zu sensibilisieren, was gegessen wird? 15

**Tiedemann:** Kann schon sein, dass das einen zusätzlichen Impuls dafür gegeben hat.

**STANDARD:** In der Schweiz isst man gern Hund und Katze, die Italiener lieben Fleisch vom Pferd, Franzosen Froschschenkel, Chinesen auch Schlangen. Wovon hängt 20 es ab, was wir mögen dürfen sollen?

**Tiedemann:** Hund oder Schwein – das ist primär nicht eine Frage der Moral, sondern eine der Ästhetik. Man müsste hinterfragen, welcher ethische Status einem

Tier zukommt, um ethisch zu argumentieren. In der Fachwelt ist man sich über zwei Dinge einig: Einen vollen ethischen Status hat dann jemand, wenn Bewusstsein und Entscheidungsfreiheit vorliegen. Dann ist der Status einer Person erreicht, und die ist unantastbar.

**STANDARD:** Folglich sind Tiere auf jeden Fall antastbar?

**Tiedemann:** Bei einigen Tieren sind wir uns nicht sicher – bei Delfinen etwa oder Primaten. Das sind alles Wesen, denen wir beträchtliches Leid zufügen, ohne zu wissen, ob sie nicht doch zumindest teilweise als Person durchgehen könnten – weil sie sich zum Beispiel selbst im Spiegel erkennen können.

**STANDARD:** Was noch?

**Tiedemann:** Tiere sind leidensfähig. Das ist vielen ethischen Theorien zufolge ein Grund, sie in gewissem Umfang unter Schutz zu stellen. Und noch etwas: Nach Immanuel Kant bin ich mir als Mensch selbst Fürsorge schuldig. Zu viel Fleisch zu essen bedeutet, dass ich krank werde. Ich mache mich also gegenüber mir selbst schuldig. Wenn Tiere in einer sehr unerfreulichen Weise gehalten, geschlachtet und verwertet werden, kommt es mit Kant gesprochen zu einem Moment der Verrohung in der Gesellschaft, was ethisch ebenfalls unzulässig ist.

**STANDARD:** Die Umweltschäden durch industrielle Formen der Fleischerzeugung ...

**Tiedemann:** ... sind gewaltig. Wir verbrauchen in atemberaubendem Tempo Ressourcen und die Lebensgrundlagen künftiger Generationen. Wir machen uns damit erneut an Menschen schuldig.

**STANDARD:** Tierschützer gehen davon aus, Tiere hätten von Natur aus die gleichen Rechte wie Menschen?

**Tiedemann:** Gleichwohl kann man Argumente anführen, warum Tiere nicht den gleichen Status haben. Das liegt vor allem daran, dass sie nicht moralisches Subjekt sein können. Wenn jemand nach einem Schiffbruch im Meer treibt, zwei Inseln sieht und entscheiden kann, wohin, wird er im Zweifel jene Insel ansteuern, wo ein keulenschwingender Mensch hungrig herumläuft und nicht dorthin schwimmen, wo ein hungriger Löwe wartet. Die Wahrscheinlichkeit, dass der Mensch den Schiffbrüchigen verschont, ist zwar sehr gering, aber es besteht zumindest die Möglichkeit, dass es ein gutes Ende gibt. Genau das macht den Unterschied aus.

**STANDARD:** Was bestimmt das Konsumverhalten bei der Nahrungsaufnahme: Geschmack, kultureller Hintergrund?

**Tiedemann:** Beides. Und es kommt noch etwas Drittes hinzu – Werbung. Wir dürfen die Macht des ökonomischen Prozesses nicht unterschätzen. Wir werden glaubend gemacht, dass wir Dinge mögen, wollen, brauchen. Noch nie war der Fleischkonsum so hoch wie heute. [...]

**STANDARD:** Sobald eine Kuh Flocky heißt, das Schwein Simon oder der Hase Benno, sträubt sich etwas im Menschen, dieses Tier zu schlachten und zu verzehren. Warum?

**Tiedemann:** Das ist ein Anthropomorphismus, die Übertragung menschlicher Eigenschaften auf ein Objekt. Das gibt es auch beim Auto. Gerade bei Deutschen ist es eine furchtbare Eigenschaft, den Autos Namen zu geben und sie auch so anzusprechen. Es gibt auch Menschen, die weinen, wenn ihr Auto in die Schrottpresse muss. Ein Name gibt auch dem Tier etwas Individuelles, zumindest in unserer Wahrnehmung.

**STANDARD:** Sollten Menschen ein schlechtes Gewissen haben, wenn sie Fleisch essen?

**Tiedemann:** Der durchschnittliche Mensch in der westlichen Gesellschaft sollte in jedem Fall ein schlechtes Gewissen haben. Er tut sich durch Fleischkonsum etwas Schlechtes, er tut der Gesellschaft durch Verrohung nichts Gutes, und er verbraucht die Lebensgrundlagen zukünftiger Generationen. Der Mensch, der im kleinen ökonomischen Bereich gelegentlich Fleisch isst, sollte hingegen anders beurteilt werden. Erstens folgt er einer relativ natürlichen Anlage des Menschen, und er tut es in einem Umfang, der mit einem größeren Ökosystem absolut verträglich ist. [...]

*Quelle: Der Standard, 23./24. März 2013.*

**INFOBOX**

**Immanuel Kant** (1724 – 1804): berühmter und einflussreicher deutscher Philosoph

## Textbeilage 2:

**Lebensmittelverbrauch in Österreich – heute und damals**

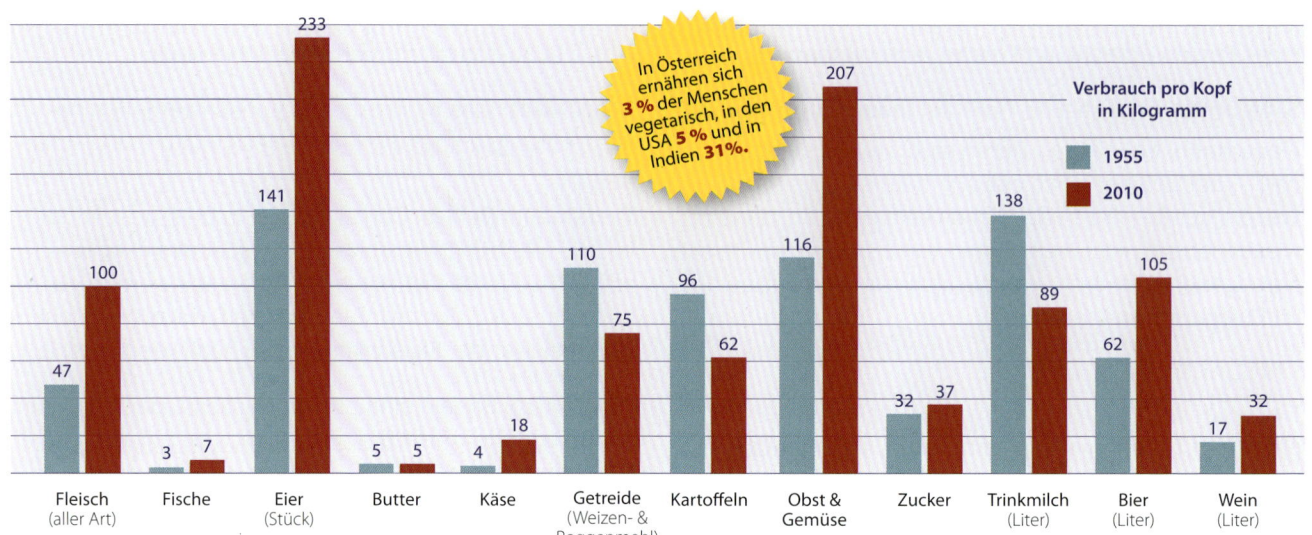

*Datenquelle: Der Standard; Der Öko-Standard, 31. März 2013.*

# Glossar

## GLOSSAR ZU DEN FACHAUSDRÜCKEN IM RAHMEN DER RDP/RP

| | |
|---|---|
| **Absätze** | gliedern formal einen Text in Sinneinheiten oder Teilthemen |
| **Abschnitte** | größere inhaltliche Sinneinheiten |
| **Adressaten/Adressatinnen** | diejenigen, an die der Text gerichtet ist, die vom Text Angesprochenen |
| **Anforderungsniveaus** | grundlegende Einteilung von Aufgaben nach dem Gesichtspunkt, was man geistig machen muss: Reproduktion, Reorganisation und Transfer, Reflexion und Problemlösung |
| **Bewertungsdimensionen** | vier Bereiche der Beurteilung: Inhalt, Textstruktur/Aufbau, Ausdruck/Stil und normative Schreibrichtigkeit |
| **Binnengliederung** | Aufteilung eines Textes in Abschnitte |
| **eigenständig** | selbstständige gedankliche Leistung; selbstständiges, von der Textbeilage gelöstes Formulieren |
| **Gedankensprünge** | ohne Überleitung von einem Gedanken zum anderen gehen (richtig müsste ein Absatz gesetzt sein oder die Gedanken müssen durch Konnektoren verbunden werden) |
| **Grobstruktur** | Aufbau des Gesamttextes, seine Gliederung |
| **Klausurarbeiten** | schriftliche Prüfungen im Rahmen der RDP/RP, in Deutsch 5-stündig |
| **Kohärenz** | inhaltlicher Zusammenhang in einem Text |
| **Kohäsion** | Der Zusammenhalt innerhalb eines Texts, der aufgrund der verwendeten sprachlichen Mittel (Kohäsionsmittel), z. B. Pronomen, Konjunktionen, Ersatzwörter, Artikel, besteht. Während „Kohärenz" den inhaltlich-gedanklichen Zusammenhang meint, meint „Kohäsion" die Verwirklichung dieses Zusammenhangs durch sprachliche Mittel. |
| **Kompensationsprüfung** | mündliche Prüfung im Rahmen der RDP/RP, um negative Klausurarbeiten auszugleichen |
| **Kompetenzbereiche** | sind zur Ermittlung der Gesamtbeurteilung definiert; drei Bereiche |
| **Kongruenz** | Übereinstimmung, z. B. in Zahl und Fall |
| **Konjunktionaladverbien** | Adverbien, die Sätze verbinden |
| **Konjunktionen** | Bindewörter (oder, obwohl, als ...) |
| **Konnektoren, Konnektive** | verbindende Teile, Bindeglieder; nicht nur im Satz, sondern auch im Gesamttext, z. B. Konjunktionen (und, weil ...) und Konjunktionaladverbien (deswegen ...) |
| **metakommunikative Mittel** | textverknüpfende Elemente, z. B. gliedernde Ausdrücke, die eine Abfolge kennzeichnen (erstens ..., zweitens..., drittens ...), die an vorangegangene Aussagen erinnern (wie oben erwähnt) oder nachfolgende ankündigen (im Folgenden wird ...) |
| **Nominalisierung** | hauptwörtlicher Gebrauch anderer Wortarten |
| **normative Sprachrichtigkeit** | Orthografie (Rechtschreibung), Grammatik und Zeichensetzung |
| **Operatoren** | Verben, die Denk- und Schreibaufgaben verlangen (appellieren, zusammenfassen ...) |
| **Outputtexte** | die von Ihnen verfassten Texte, Beantwortungen der Teilaufgaben |
| **Präsens** | Gegenwart, üblicherweise in allen sieben Textsorten zu verwenden |
| **Reflexion u. Problemlösung** | Anforderungsniveau bei den Operatoren |
| **Reorganisation u. Transfer** | Anforderungsniveau bei den Operatoren |

# Glossar

| | |
|---|---|
| **Reproduktion** | Wiedergabe von anderem (z. B. anderen Texten, Meinungen) |
| **rhetorische Figuren** | Stilmittel wie Ellipse, Anapher, Parallelismus usw. |
| **Satzbau** | Syntax; wie die Elemente eines Satzes, z. B. Satzglieder, Teilsätze, angeordnet sind |
| **Schlüsselbegriff** | kommt im ersten oder zweiten Satz eines Absatzes |
| **situativer Kontext** | die Situation, aus der heraus ein Text zu verfassen ist |
| **Standardisierten Reife- und Diplomprüfung bzw. Standardisierte Reifeprüfung** | RDP oder SRDP bzw. RP oder SRP<br>Die Aufgabenstellungen werden zentral vorgegeben und nach einem einheitlichen Raster beurteilt. |
| **Stil/Ausdruck** | Fähigkeit, sprachlich zu formulieren |
| **strukturiert** | unterteilt, gegliedert |
| **Teilaufgabe** | Jedes Themenpaket enthält zwei Teilaufgaben. |
| **Textbausteine** | vorformulierte Wendungen, die man häufig einsetzen kann |
| **Textbeilage** | Text, der ein Teil der Aufgabenstellung bei der Klausurarbeit in Deutsch ist; der Text muss (zumindest) lt. Arbeitsaufträgen verarbeitet werden |
| **Textorganisatoren** | den Text gliedernde Elemente, z. B. das Setzen von Absätzen, Überschriften, Gliederungszeichen, Nummerierungen, neben- oder unterordnende Konjunktionen |
| **Textsorten** | sind eine Gruppe von Texten, die durch einen Katalog von Merkmalen gekennzeichnet sind, welche die Form und den Gebrauch eines Texts betreffen. Bei der SRDP/SRP sind folgende Textsorten Gegenstand der Prüfung: Zusammenfassung, Textanalyse, Textinterpretation, Erörterung, Leserbrief, Kommentar, Meinungsrede. |
| **Textstruktur/Aufbau** | gezielte Gliederung eines Textes |
| **Textvorlage** | siehe Textbeilage |
| **thematische Klammer** | Die Aufgabenstellungen und Textbeilagen beziehen sich auf einen ganz bestimmten Inhaltsbereich. |
| **Themenpaket** | umfasst zwei Teilaufgaben zu einem Thema |
| **Wortwahl, richtige** | stilistisches Kriterium, Wahl des passenden Wortes für das, was man aussagen will |
| **Zusatzinformationen** | werden in den Aufgabenstellungen gegeben (zu Autoren/Autorinnen, schwierigen Wendungen, historischen Fakten usw.); Wörter, die nicht im ÖWB enthalten sind |

## TEXTQUELLEN

S. 9: Zitat: https://www.srdp.at/fileadmin/user_upload/downloads/Matura_2015-16/01_US_Deutsch/KL16_PT2_ALL_DEU_SR_CC_AU.pdf (6. Jänner 2018).

S. 13: Beurteilungsraster: https://www.srdp.at/fileadmin/user_upload/downloads/Begleitmaterial/01_US_Deutsch/Konzepte-Modelle/srdp_us_beurteilungsraster_2017-10-16.pdf (3. Aug. 2018).

S. 18: Beurteilungsraster: https://www.srdp.at/fileadmin/user_upload/downloads/Begleitmaterial/01_US_Deutsch/Konzepte-Modelle/srdp_us_beurteilungsraster_2017-10-16.pdf (3. Aug. 2018).

S. 50: Was ist ein Skandal und was ist normal? Presseinformation des oö. Kulturquartiers, 1. Dez. 2016. https://www.ooekultur-quartier.at/presse/ok-skandal-normal/ (7. Juni 2018).

S. 51: Unzulässigkeit von parteipolitischer Werbung an Schulen. https://www.bmb.gv.at/ministerium/rs/2008_13.html (11. Jänner 2018).

S. 52: Wagner, Jan: Giersch. In: Wagner, Jan: Regentonnenvariationen. Gedichte. Berlin: Hanser 2014.

S. 53: Bernhard, Thomas: Der Vorzugsschüler. In: Bernhard, Thomas: Ereignisse. Berlin: Literarisches Colloquium 1969.

S. 53: Martenstein, Harald: Über den Reiz neuer Religionen. In: ZEITMAGAZIN, Nr. 38/2016.

S. 55: Die Rechte des Kindes weltweit 2016. Datenquelle: https://derstandard.at/2000068045809/Daten (30. Okt. 2018).

S. 56: Gauß, Karl-Markus: Sturm über Fritzens. In: Salzburger Nachrichten, 24. Oktober 2009.

S. 60: Erklärung „Wert von Kunst und Kultur". http://www.tki.at/kulturpolitik/oesterreich/wert-von-kunst-und-kultur/ (9. Jänner 2018).

S. 64: Eichendorff, Joseph Freiherr von: Im Abendrot. In: Eichendorff, Joseph Freiherr von: Gedichte. Hrsg. von Peter Neumann. Ditzingen: Reclam 1997.

S. 64: Bernhard, Thomas: Warum fürchte ich mein Altern. In: Bernhard, Thomas: Gesammelte Gedichte. Berlin: Suhrkamp Verlag 1993.

S. 68: Baumann, Marc: „Urlaub war uns wichtiger als eure Zukunft, sorry". In: SZ-Magazin, 14. Juli 2017.

S. 71: Beurteilungsraster: https://www.srdp.at/fileadmin/user_upload/downloads/Begleitmaterial/01_US_Deutsch/Konzepte-Modelle/srdp_us_beurteilungsraster_2017-10-16.pdf (3. Aug. 2018).

S. 73: Thöne, Eva: „Es sind immer die anderen – das ist ein Problem" (Interview). www.spiegel.de/kultur/gesellschaft/metoo-und-systemkritik-interview-mit-der-feministin-andi-zeisler-a-1142825.html (10. Nov. 2017).

S. 79: Zeug, Katrin/Boeing, Niels: „Der Spuk geht nicht so schnell vorbei" (Interview). In: ZEIT Wissen, Nr. 5/2016.

S. 85: Kronauer, Brigitte: Dri Chinisin. In: Kronauer, Brigitte: Die Tricks der Diva. Ditzingen: Reclam 2004.

S. 91: Liessmann, Konrad Paul: Belesenheit. Literarische Bildung als Provokation. In: Liessmann, Konrad Paul: Bildung als Provokation. Wien: Zsolnay 2017.

S. 97: Fian, Antonio: Die nächste Zeit. In: Fian, Antonio: Schwimmunterricht. Dramolette VI. Graz–Wien: Literaturverlag Droschl 2016.

S. 100: Zitat: https://www.srdp.at/fileadmin/user_upload/downloads/Matura-2016-17/Deutsch/KL17_KP1_ALL_DEU_P02_CC_KK.pdf (8. Jänner 2018).

S. 101: Beurteilungsraster: Kompensationsprüfung zur standardisierten schriftlichen Reifeprüfung/Reife- und Diplomprüfung in der Unterrichtssprache. https://www.srdp.at/index.php?eID=dumpFile&t=f&f=1766&token=a0ba3d4759ebca3a88c67e0e388135d83a7703d8 (24. November 2018).

S. 102: Brecht, Bertolt: Ballade vom angenehmen Leben. In: Die Dreigroschenoper. 45. Aufl. Frankfurt: edition suhrkamp 2001.

S. 104: Breit, Lisa/Hagen, Lara: Neue Arbeitswelt: Traumjob und Albtraum liegen nahe beieinander. In: Der Standard, 9. Mai 2016.

S. 106: Strobl, Günther: Unsere Essgewohnheiten: „Hund oder Schwein – eine Frage der Ästhetik". In: Der Standard, 23./24. März 2013.

S. 108: Lebensmittelverbrauch in Österreich – heute und damals. Datenquelle: Der Standard; Der Ökö-Standard, 31. März 2013.

## BILDQUELLEN

S. 3: Fotolia © Daniel Berkmann
S. 6: Fotolia © Zonda
S. 9: Fotolia © Rachael Arnott
S. 10: Fotolia © olly
S. 12: Fotolia © stockpics
S. 15: Fotolia © uckyo
S. 19: Fotolia © GiZGRAPHICS
S. 44: Fotolia © kebox
S. 46: Fotolia © Coloures-Pic; Fotolia © Matthias Enter
S. 47: Fotolia © www.matthiasbuehner.de
S. 48: Fotolia © Anita Ponne
S. 52: Fotolia © apcefoto
S. 54: Fotolia © wexworldwide

S. 58: Fotolia © Bastian Gnuechwitz
S. 59: Fotolia © pattilabelle
S. 60: Fotolia © Maurits Bollen 2017
S. 61: Fotolia © Oliver Boehmer
S. 65: Fotolia © Ross Photography
S. 67: Fotolia © Wikimedia Commons
S. 69: Fotolia © Roland Brack
S. 70: Fotolia © kbuntu
S. 72: Fotolia © Wollwerth Imagery
S. 74: Fotolia © olly
S. 76: Fotolia © fotofabrika
S. 77: Fotolia © Claus Mikosch
S. 78: Fotolia © Janina Dierks
S. 81: Fotolia © pusteflower9024

S. 82: Fotolia © Ralf Geithe
S. 87: Fotolia © Giovanni Cariglia
S. 89 f.: Hommer, Sascha: Dri Chinisin. Nach einer Erzählung von Brigitte Kronauer. Berlin: Reprodukt Verlag 2011.
S. 92: Fotolia © Roman Styopin
S. 95: Fotolia © Canadian in Exile
S. 96: Fotolia © carballo
S. 98: Fotolia © phanuwatnandee
S. 99: Fotolia © Artur
S. 101: Fotolia © contrastwerkstatt

# MATURATRAINER von

## MATURA? KEIN STRESS!

## DEUTSCH

### KOMPETENZ:DEUTSCH. AHS/BHS
Trainingsteil für die
RDP – neu
ISBN 978-3-230-04751-9
SB-NR. 190621
112 Seiten
€ 13,47

### KOMPETENZ:DEUTSCH. AHS
Trainingsteil für die
mündliche Reifeprüfung
ISBN 978-3-230-03914-9
SB-NR. 180119
136 Seiten
€ 12,97

## VWA/DIPLOMARBEIT

### SCHREIBGUIDE
für VWA und Diplomarbeit
ISBN 978-3-230-04853-0
ca. 136 Seiten
€ 17,70

## ENGLISCH

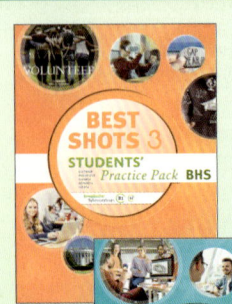

### BEST SHOTS. STUDENTS' PRACTICE PACK BHS 3
Übungsbuch inkl. MP3s
und E-Book+
ISBN 978-3-230-04916-2
104 Seiten
€ 24,90

### BEST SHOTS. STUDENTS' PRACTICE PACK BHS 4/5
Übungsbuch inkl. MP3s
und E-Book+
ISBN 978-3-230-04917-9
104 Seiten
€ 24,90

### GOING FOR FINALS B2 AHS
Übungsbuch + 2 CDs
ISBN 978-3-230-03884-5
SB-NR. 165034
112 Seiten
€ 23,36

### GOING FOR FINALS B2 BHS
Übungsbuch + 2 CDs
ISBN 978-3-230-03968-2
SB-NR. 170022
112 Seiten
€ 23,36

## FRANZÖSISCH

### BIEN FAIT! BAC
Übungsbuch + CD
ISBN 978-3-230-03601-8
SB-NR. 160041
128 Seiten
€ 25,00

## ITALIENISCH

### DETTO FATTO RIFATTO – MATURITÀ
Übungsbuch + CD
ISBN 978-3-230-04602-4
SB-NR. 185417
144 Seiten
€ 29,70

## DIE MATURATRAINER SIND LEHRBUCHUNABHÄNGIG VERWENDBAR.

### BESTELLSERVICE
Tel.: 01 403 77 77-70 | MO – DO 7:30 – 16:00 Uhr | FR 7:30 – 14:00 Uhr
www.hpt.at | service@hpt.at | www.maturatraining.at

Druckfehler und Preisänderungen vorbehalten.
Stand: Frühjahr 2020